Bienvenue dans le pire des mondes

Natacha Polony
et Gérald Andrieu, Guillaume Bigot,
Franck Dedieu, Éric Delbecque,
Alexandre Devecchio, Emmanuel Lévy,
Benjamin Masse-Stamberger,
Jean-Michel Quatrepoint

Bienvenue dans le pire des mondes

Le triomphe du soft totalitarisme

PLON
www.plon.fr

12, avenue d'Italie
75013 Paris
Tél. : 01 44 16 09 00
Fax : 01 44 16 09 01
www.plon.fr

ISBN : 978-2-259-25159-4

Qu'est-ce que le Comité Orwell ?

Le Comité Orwell a comme ambition de faire entendre une voix différente dans un paysage médiatique trop uniforme. « Parler de liberté n'a de sens qu'à condition que ce soit la liberté de dire aux gens ce qu'ils n'ont pas envie d'entendre », disait l'écrivain et journaliste britannique George Orwell. Plus encore que les autres citoyens, les journalistes ont la responsabilité de défendre la liberté d'expression et le pluralisme des idées. Face à une idéologie dominante « libérale-libertaire », qui fait du libre-échange mondialisé un horizon indépassable et du primat de l'individu sur tout projet commun la condition de l'émancipation, l'association entend défendre notre héritage social et politique fondé sur la souveraineté populaire. Le Comité Orwell rassemble donc des journalistes et des citoyens soucieux de faire entendre un autre discours et de traiter les sujets trop souvent oubliés par les grands médias, ces sujets, précisément, qui permettent de mettre en lumière les enjeux de souveraineté, d'émancipation, de lutte contre l'aliénation économique et culturelle qui seuls garantissent la perpétuation d'une authentique démocratie.

Membres du Comité Orwell ayant collaboré à ce livre :

Gérald ANDRIEU a été journaliste politique (chargé du suivi de la gauche) et rédacteur en chef à *Marianne*. Il est aujourd'hui journaliste indépendant. Il collabore notamment à *Causeur*.

Guillaume BIGOT : essayiste et directeur général de l'IPAG Business School. Candidat aux élections législatives à Mantes-la-Jolie en 2002. Ancien directeur de l'école de management du Pôle universitaire Léonard-de-Vinci.

Franck DEDIEU, ancien rédacteur en chef adjoint de *L'Expansion* est professeur à l'IPAG et délégué général du club politique République moderne.

Éric DELBECQUE est directeur du département intelligence stratégique de SIFARIS, chef du pôle intelligence économique de l'IFET (Institut pour la formation des élus territoriaux) et président de l'ACSE (Association pour la compétitivité et la sécurité économique). Il est l'auteur de nombreux essais sur l'histoire des idéologies, la sécurité nationale et l'intelligence économique.

Alexandre DEVECCHIO est journaliste au *Figaro*, en charge du FigaroVox.

Emmanuel LÉVY est rédacteur en chef adjoint économie finances à *Marianne*.

Benjamin MASSE-STAMBERGER, ancien grand reporter à *L'Express*, est journaliste indépendant, spécialisé en économie. Il est l'auteur du blog Basculements.

Natacha POLONY, essayiste et journaliste à Europe 1, est chroniqueuse au *Figaro* et animatrice de l'émission « Polonium » sur Paris Première. Elle a été journaliste à *Marianne*.

Jean-Michel QUATREPOINT est journaliste. Après onze ans passés au *Monde*, il a dirigé les rédactions de *L'Agefi*, de *La Tribune* et du *Nouvel Économiste*. Il a été pendant quinze ans le patron de *La Lettre A*.

À la mémoire de Philippe Cohen

Introduction

C'est un sentiment diffus, presque imperceptible, et que nous sommes de plus en plus nombreux à partager. Comme ce petit caillou dans la chaussure, qui ne blesse pas mais dont la présence se rappelle sans cesse à nous, et que les Romains appelaient « scrupule ». Un sentiment qu'on évite de partager pour n'être pas aussitôt rangé dans la catégorie des complotistes ou des paranoïaques. Le sentiment que, par bien des aspects, nous ne sommes plus tout à fait dans ce qu'on peut appeler un régime démocratique.

On connaît le discours officiel : nos belles sociétés occidentales sont ces nirvanas dans lesquels le droit et le marché régulent les rapports pour le plus grand bonheur des peuples appelés régulièrement aux urnes afin de trancher les grands problèmes. Certes, les taux de participation lors des différents scrutins dans les pays démocratiques déclinent régulièrement, et les partis et les personnalités populistes y élargissent constamment leur audience. Rien de très inquiétant nous dit-on, tout au plus quelques combats d'arrière-garde et le dernier sursaut de quelques franges rétives de l'opinion qui refusent d'admettre que l'humanité, presque intégralement pacifiée, avance vers l'immortalité promise par les Big Data. Ce ne sont donc pas quelques ingrats qui refusent d'apprécier les avancées d'une économie globale, financiarisée et numérisée, et qui ne comprennent pas qu'elle n'a plus besoin de politique pour tourner toute seule qui vont enrayer la marche de l'histoire. Fort heureusement, des élites ouvertes, tolérantes, à la fulgurante omniscience grâce à leurs algorithmes, invincibles grâce à leur solidarité sans frontières et à l'âpre défense de leurs intérêts financiers, veillent au grain. La globalisation est quasiment placée sur mode pilotage automatique. N'est-il pas plus simple d'espérer changer l'ordre de ses désirs plutôt que l'ordre du monde, comme le conseillait Descartes ? À présent, pourquoi ne ferions-nous pas notre deuil d'une vision exigeante de l'homme comme d'un animal politique puisant sa liberté et sa dignité dans l'action publique ? Ces derniers des Mohicans encore attachés à l'idéal démocratique légué par les cités grecques ne veulent pas se rendre à l'évidence, le jeu électoral est devenu un spectacle dans lequel quelques démagogues professionnels promettent, mentent, pour mieux décevoir.

Cette comédie-là, nous nous apprêtons en France à la jouer de nouveau. Avec plus de pompe encore, puisque nous serons cette fois occupés à suivre les multiples primaires qui nous sont présentées comme un « outil démocratique » supplémentaire. Les électeurs savent pertinemment que, quoi qu'il sorte de ce barnum, cela ne changera pas grand-chose au destin du pays. Ils savent que les sujets essentiels ne seront pas abordés par des journalistes passionnés de combats de coqs. Ils savent que les candidats eux-mêmes ne sont même plus dupes de ce théâtre d'ombres qu'est devenue la politique (à la fin de l'empire, la religion d'État, à Rome, faisait l'objet d'une telle désaffection que deux augures ne pouvaient croiser le regard sans sourire. Remplaçons les deux augures par deux prétendants à la magistrature suprême et l'on comprendra mieux ce qui se passe dans nos démocraties apaisées et post-nationales). Ils savent tout cela sans nécessairement être en mesure de donner une cohérence à ce qui n'est qu'une intuition.

Les démocraties occidentales ont bel et bien commencé à s'affaisser sur elles-mêmes. Avec la délégitimation profonde de la notion de bien commun, le relativisme profond des valeurs et le règne sans partage du bon plaisir individuel, l'effondrement du niveau culturel et éducatif, la paupérisation d'une fraction croissante de la population, la montée des haines et des incompréhensions, c'est la concorde qui est minée de l'intérieur. Nous sentons désormais que le sol jusqu'ici en dur de l'ordre public qui garantissait la sécurité aux peuples occidentaux se ramollit sous nos pieds. Dans des sociétés où le niveau baisse, le ton monte.

La démocratie est notamment menacée par l'alliance redoutable des marchés financiers et des nouvelles technologies, alliance sanctifiée par le caractère indépassable du bon plaisir individuel. En devenant virtuelles et planétaires, ces forces se sont détachées de tout territoire et sont désormais hors d'atteinte des volontés populaires.

Pourtant, l'enjeu est de taille et l'urgence est là. Les sociétés occidentales sont confrontées à un ennemi mortel. Le totalitarisme islamiste nous a déclaré la guerre. Une guerre d'autant plus sournoise que nos renoncements et nos aveuglements ont laissé l'ennemi prospérer parmi nous. Mais ces renoncements ne relèvent pas que de la naïveté de quelques angélistes prompts à battre la coulpe de l'Occident colonialiste sur le dos des peuples. Il n'y a pas de hasard. Le délitement des communautés nationales dont se nourrit l'islamisme coïncide avec une crise majeure de notre système économique et politique. Une crise que le discours officiel tend à nous présenter comme due à la « montée des populismes » qui surfent sur les « peurs » de certaines catégories de la population peu éduquées, plus ou moins xénophobes et rétives à toute « adaptation » à la mondialisation. Or, ce qui nous est présenté comme une cause est en réalité un effet. Cet affaiblissement des États-nations et de leur capacité à intégrer les générations nouvelles à un modèle culturel commun est la conséquence directe du long travail de sape de ceux que ces États-nations dérangeaient parce qu'ils constituaient le principal frein à l'uniformisation des règles du droit et du marché devant faciliter le libre-échange, mais aussi le progrès technologique et l'approfondissement de la démocratie. Tel est bien le cœur du problème : depuis plusieurs décennies, les pays occidentaux vivent une transformation majeure dont le but est d'imposer un modèle de libre-échange total et global, qui n'assume que difficilement son nom de baptême : néolibéralisme. Une idéologie sur laquelle sont venus se greffer le relativisme culturel et le communautarisme. Ce néolibéralisme comme ce communautarisme ont été, comme on le verra, non seulement portés par les nouvelles technologies mais diffusés par l'hégémonie politique et militaire globale des États-Unis. Jamais dans l'histoire, en effet, aucun pays ne s'est retrouvé dans la situation des États-Unis depuis 1991. Une puissance militaire telle que l'addition de la totalité des forces armées de tous les autres pays n'égale pas à la moitié de la leur.

Hégémonique, la puissance américaine n'est nullement impériale. Certes, il arrive que les Américains usent de violence hors de leurs frontières, mais lorsqu'ils le font, c'est pour défendre ou espérer défendre leurs intérêts et leurs idéaux. Comme cela est conforme à leur culture de marchands, à leurs idéaux de libre-échange et aussi, il faut le reconnaître, à leur ruse, la puissance hégémonique mondiale use plus volontiers de ce qu'elle appelle elle-même le *soft power*.

Notre « soft idéologie » trouve ici l'une de ses causes en tendant à faire croire à la disparition du politique, au caractère superfétatoire de la souveraineté populaire ailleurs qu'aux États-Unis. En tendant, surtout, à imposer, par tous les moyens de conviction et de séduction possibles, dans la tête des autres peuples du monde, l'idée suivant laquelle l'intérêt politique, économique et militaire des États-Unis correspond au meilleur des monde possibles.

Les mots ont un sens, la domination passant, on le sait depuis George Orwell, par la manipulation du langage. Si vous n'êtes pas pour l'ouverture, c'est que vous êtes pour la fermeture, le repli sur soi. Vous vous interrogez sur les conséquences des flux migratoires ? Vous êtes un xénophobe. Si vous n'êtes pas un libéral à tous crins, c'est que vous êtes un partisan de l'autoritarisme, antichambre du fascisme. Vous dénoncez les inégalités ? Vous êtes un socialiste, pire même, un communiste. Les confusions linguistiques volontaires contribuent à empêcher toute remise en cause d'une évolution qu'on veut nous faire croire naturelle, inéluctable et non amendable. Cette manipulation linguistique est encore plus marquée en France où l'on n'hésite pas à transformer les mots de la doxa anglo-saxonne. Il en est ainsi de la mondialisation, traduction par nos élites, de ce qu'on appelle outre-Atlantique la globalisation. Celle-ci correspond à la vision d'un monde global réuni autour de mêmes normes, de mêmes règles, de mêmes principes. La globalisation, qui rime avec uniformisation, est la matrice du modèle social, économique et politique, inspiré de Milton Friedman, développé depuis plus de quatre décennies aux États-Unis, au Royaume-Uni et dans le monde occidental.

La mondialisation, c'est autre chose. Personne ne peut y être opposé. Il s'agit, grâce aux technologies, aux moyens de communication, toujours plus performants depuis l'Antiquité, de découvrir les autres, de s'enrichir de leurs apports et réciproquement. La mondialisation, c'est la reconnaissance de l'Autre qui, en retour, doit respecter vos us et coutumes et votre culture. La mondialisation, c'est l'échange dans la diversité. L'objectif n'est pas de faire disparaître les langues dans un sabir commun au rabais, le « globish », mais de faire en sorte que le plus de monde possible parle le maximum de langues. Oui, la mondialisation s'accompagne et se nourrit des échanges. De biens, de services, de personnes et de capitaux. Mais à une condition : que ces échanges ne soient pas faussés par les manipulations monétaires, le jeu des multinationales, la course au moins-disant, social, fiscal, environnemental. Or, c'est précisément cette dérégulation monétaire et cette quête du moins-disant qui sert depuis plus de quarante ans de base au nouveau cycle du capitalisme. Commencé le 15 août 1971, avec la décision unilatérale américaine d'en finir avec les accords de Bretton Woods et l'indexation du dollar sur l'or, poursuivi par la vague de dérégulation, l'émergence d'un capitalisme financier sans limites, la montée des déséquilibres commerciaux, de l'endettement, ce cycle a débouché sur la crise globale de 2008.

Tous ceux qui croient en la théorie des cycles savent que toute action excessive entraîne une réaction. Ce que les Chinois traduisent encore mieux grâce à leurs idéogrammes par la formule suivante : « Trop de désunion nécessite l'union et trop d'union entraîne la désunion. » Que l'on pourrait étendre à : « Trop de régulation nécessite une dérégulation. Trop de dérégulation conduit à la régulation. » Logiquement, c'est ce qui aurait dû se produire au lendemain de la faillite de Lehman Brothers. C'est ce que les peuples ont espéré. Il en a été autrement. Seule réponse à la crise apportée par les élites occidentales : encore plus de globalisation, encore plus de dérégulation. Pour le plus grand profit de ces multinationales, qui se verraient bien remplacer les États-nations, les gouvernements, les systèmes démocratiques. Et ce grâce à l'avènement de ce capitalisme numérique, incarné par les GAFA (Google, Apple, Facebook, Amazon), qui veut apporter un second souffle à un capitalisme financier dans l'impasse. Pour nous faire basculer encore un peu plus dans un univers post-démocratique que l'on peut qualifier de « soft totalitaire ».

Si la globalisation, avec son utopie de dépassement de la politique, a pu ressembler à un attrape-nigauds pour le « reste du monde », c'est désormais, grâce à une sorte d'effet boomerang, la grande démocratie américaine elle-même qui se retrouve aujourd'hui victime de ce « soft totalitarisme ». Aux États-Unis, une hyper classe fait sécession tandis qu'un populisme aussi vindicatif qu'inefficace s'agite et frappe dans le vide.

Soft totalitarisme ? Pourquoi cette expression anglo-saxonne ? De même qu'on qualifie de *soft power* une puissance qui s'impose, non par les armes, mais par la diffusion d'un modèle culturel accepté par les vaincus, on peut qualifier de *soft totalitarism* ce système qui dissout peu à peu tous les modèles alternatifs en s'appuyant sur le consentement des individus. Et comment n'y aurait-il pas consentement ? Qui refuserait le progrès, le bien-être, et, demain peut-être, l'immortalité ? Qui opterait pour l'inconnu, pour le possible chaos, celui qu'on nous promet chaque fois que se présente le risque de remettre en cause ce système ? Il n'est besoin que de citer Aldous Huxley et *Le Meilleur des mondes* : « Un état totalitaire vraiment efficient serait celui dans lequel le tout-puissant comité exécutif des chefs politiques et leur armée de directeurs aurait la haute main sur une population d'esclaves qu'il serait inutile de contraindre, parce qu'ils auraient l'amour de leur servitude. La leur faire aimer – telle est la tâche assignée dans les États totalitaires d'aujourd'hui aux ministères de la Propagande, aux rédacteurs en chef des journaux et aux maîtres d'école. »

Le soft totalitarisme est à la fois conçu comme un antidote au véritable totalitarisme, mais aussi comme un totalitarisme *light*, sans sucre, ou plutôt sans hémoglobine. À première vue, l'expression ressemble à ce que les logiciens appellent un oxymore, c'est-à-dire, une contradiction dans les termes ou l'apposition de deux termes qui s'excluent. Le soft totalitarisme, n'est-ce pas une sorte de slogan journalistique vide de sens ? Il est vrai que, de prime abord, les notions de soft, de douceur, de tolérance, de souplesse qui correspondent bien aux types de mœurs et d'état d'esprit que les classes dirigeantes tentent de promouvoir semblent contredire ce qui a fait la marque distinctive du totalitarisme. Le totalitarisme n'est totalitaire que parce qu'il est total mais aussi radicalement intolérant, contraignant, violent et criminel, donc *hard*. Aussi, en quoi notre soft totalitarisme possède-t-il des traits ou des caractéristiques totalitaires ?

Dans cette volonté d'étendre constamment le domaine des droits de l'homme et de réduire le champs des devoirs, dans cet abaissement constant du collectif face à l'individuel, du public face au privé, de la politique face à la société civile, des minorités face à la majorité, on ne décèle, de prime abord, aucune trace de totalitarisme, pas même de velléité totalitaire. On a plutôt l'impression d'un univers de boy-scouts, ultra naïfs, qui a espéré liquider les idéologies et les grands récits historiques. En réalité, ce culte du bon plaisir individuel et du relativisme exclut absolument, radicalement, toute idéologie, toute certitude, toute explication totalisante et les préjugés. Pourtant ce politiquement correct correspond à une sorte d'idéologie paradoxale.

Non seulement cette détestation des idéologies est en soi une idéologie, pleine de pétitions de principes, de certitudes, de préjugés, mais comme les idéologies, la soft idéologie est plus qu'une croyance, c'est une utopie active ou une utopie qui aspire à transformer l'humanité et la société et qui ne se présente pas du tout comme un idéal ou un rêve hors de portée, mais comme un projet à mettre en œuvre, *hic et nunc*, par l'action politique, par la propagande, par la loi, par la rééducation, par la police du langage.

Le soft totalitarisme est un fantasme ou un rêve qui a commencé à être mis en œuvre systématiquement : celui d'une société dans laquelle la question politique aura été évacuée.

Cette question politique est celle qui faisait dire aux Anciens que le gouvernement des hommes était l'activité la plus noble, la plus grave et la plus complexe qui soit, car elle a pour mission de faire cohabiter pacifiquement, sur un territoire donné, une population qui s'accorde sur une définition du juste et de l'injuste, toujours menacée de l'extérieur (la guerre) mais aussi toujours menacée de l'intérieur (la fin de la concorde, c'est-à-dire la paix civile). Les philosophes grecs savaient d'instinct que la violence peut toujours ressurgir car elle est au cœur de l'homme. Aucune société, aucune civilisation n'est d'ailleurs parvenue à évacuer la question de la guerre et de la violence, et à résoudre de manière définitive la question de la dévolution du pouvoir. Les Anciens savaient que la paix est toujours un état fragile, précaire, et qu'il faut, génération après génération, œuvrer pour la préserver mais aussi la défendre. Finalement, le soft totalitarisme n'est pas seulement un projet économique de constitution d'un grand marché mondial, numérisé, financiarisé et aux mains d'une minorité savante et ultra fortunée, c'est aussi une utopie qui veut croire que la malédiction politique a été conjurée. La disparition des frontières, l'interdépendance et la communication constante, le divertissement permanent et planétaire, la standardisation et l'homogénisation des modes de vie rendent la politique inutile et portent en germe un projet de gouvernement mondial. D'autres ouvrages ont déjà analysé comment se fabriquait le consentement, comment l'industrie du divertissement présentait une efficacité bien plus grande que n'importe quel système de coercition. Encore faut-il comprendre comment les défenses ont été abattues les unes après les autres et comment fonctionne ce soft totalitarisme qui se donne les apparences de la démocratie, quels sont ses outils économiques, politiques et idéologiques.

Ces phénomènes, leurs implications sur le fonctionnement des démocraties, devraient constituer le cœur des débats à l'aube d'une élection présidentielle. C'est pourtant tout ce qu'on ne lira pas dans les journaux. Nul besoin pour l'expliquer d'aller chercher la trame d'un quelconque complot. Mais un système qui fonctionne sur l'adhésion a besoin de courroies de transmission. Les médias en sont un des éléments. Non que les journalistes, à titre individuel, ne fassent leur travail avec conscience et dévotion. Mais la concentration des organes de presse, radio et télévision dans les mains de quelques grands industriels, la pression économique s'exerçant sur des salariés sommés de toujours fournir davantage, de travailler toujours plus rapidement, interdisent, au moins autant que les blocages idéologiques, un décryptage de cet ordre.

Pourtant, les éléments sont là, sous nos yeux, et le dossier est accablant. Ce livre est l'histoire d'un formidable hold-up. Celui qui s'opère en toute impunité depuis plusieurs décennies. Hold-up sur cette liberté conquise au terme d'un processus long de plusieurs siècles, sur tous les pouvoirs féodaux, cléricaux, monarchiques, fascistes et autocratiques. Hold-up sur le consensus politique et social issu de l'après-guerre, et qui avait permis dans les pays occidentaux d'atteindre une prospérité et une réduction des inégalités sans précédent dans l'histoire du monde.

« La vérité se creuse comme un puits », écrivait Antoine de Saint-Exupéry. Il nous appartient de descendre au fond du puits et d'explorer chaque dimension du réel, de discerner une logique là où n'apparaissent que des élément disparates.

Tel est donc l'objet de ce livre. Parce que la France ne peut se permettre de jouer une élection pour rien. Parce qu'elle est au bord de l'implosion, prise en tenailles entre le totalitarisme islamiste et ce soft totalitarisme dont la première caractéristique est qu'il ne se soucie nullement de cette barbarie qui n'entrave en rien sa progression, au point qu'on voit Google ou Facebook s'accommoder parfaitement de leur rôle de propagandistes indirects de l'État islamique.

En 2017, nous serons à la croisée des chemins. Hélas, le débat tel qu'il se dessine ne permettra nullement de poser les problèmes soulevés ici. Même pas de les effleurer. On en restera aux considérations sur le poids de la fiscalité ou sur les identités heureuses ou malheureuses. Et l'on peut compter sur certains spécialistes de ces grandes foires médiatiques pour éviter à tout prix d'ennuyer l'électeur avec ce genre de pensum.

Pourtant, aucune reconquête du politique ne se fera sans une remise en cause du système qui a tué toute possibilité d'action politique. Aucune perspective ne s'ouvrira pour la France sans la claire conscience des mécanismes qui tendent à l'effacer. Il s'agit donc de rendre l'espoir à des peuples qui grondent déjà de se sentir floués. Il s'agit de savoir si nous voulons envisager de reprendre notre liberté, de retrouver cet élan qui fut celui de 1789, quand des hommes et des femmes se sont soulevés pour proclamer le peuple souverain, libre de décider de son destin.

Au commencement était l'éducation

Les institutions, les lois sont la charpente, mais c'est à l'école que se mettent en place les fondations. Il n'est de gouvernement des hommes sans éducation. L'école fut le lieu de baptême de la démocratie ; elle en sonnera le glas. Tous les totalitarismes se sont donné pour mission de créer l'homme nouveau, sorte de perfection abstraite et mécanique dont la principale qualité est sa prédictibilité. Un totalitarisme dont la caractéristique est de s'imposer par le consentement a, plus encore qu'aucun autre, besoin de cet outil de manipulation. Pis, c'est parce que le système économico-politique a peu à peu imposé dans les sociétés occidentales son modèle éducatif pour en faire une machine à fabriquer du consommateur-producteur consentant qu'il a pu étendre son empire et supprimer peu à peu toute alternative.

Entendons-nous bien : le dogme officiel, celui qu'on nous sert dans les discours politiques aussi bien que dans les enquêtes journalistiques, martèle depuis quelques décennies deux idées principales. Premièrement, les populations occidentales n'ont jamais été aussi diplômées, donc aussi instruites (puisqu'il semble évident à ces sympathiques propagandistes que l'un implique l'autre comme la poule implique l'œuf), de sorte qu'« épanouissement » et « créativité » sont les mamelles de cette « société de la connaissance » dans laquelle nous barbotons comme dans un bain originel. Deuxièmement, si, nonobstant ce qui vient d'être dit, la France a de piteux résultats dans les enquêtes internationales, s'il a bien fallu, sur ce point, donner quitus aux oiseaux de mauvais augure qui depuis quelque temps déjà s'alarmaient d'une baisse effroyable des capacités linguistiques et mathématiques des élèves, c'est bien la preuve que le système éducatif français (entendez l'école républicaine abominablement élitiste et « encyclopédiste ») doit être réformé au plus vite. S'il est bien un domaine où nous ne pouvons faire porter la responsabilité de nos fautes sur l'extérieur, comme le font les infâmes populistes, c'est bien l'école, qui relève des compétences régaliennes. Bruxelles n'y est pour rien ! Fermez le ban.

Ces deux arguments qui se donnent l'apparence de l'évidence relèvent tous deux de la pure manipulation. Et quiconque analyse les évolutions récentes (sur les trente ou quarante dernières années) du système scolaire français peut le démontrer parfaitement. Car ces évolutions révèlent en fait le fond de l'idéologie qui sous-tend ce soft totalitarisme dont nous nous employons à dessiner les contours. Pour le dire plus concrètement, ce qui est à l'œuvre est à la fois la destruction des barrières culturelles freinant le déploiement généralisé du néolibéralisme et de son corollaire, la globalisation, et le formatage systématique des individus pour qu'ils adhèrent avec ferveur au modèle qui leur est proposé dans une insistance toute bienveillante. C'est d'ailleurs la raison pour laquelle c'est en France, où le modèle républicain était le plus éloigné qui soit de cette conception de l'homme et des organisations sociales, que cette entreprise de recomposition est la plus dévastatrice.

La globalisation éducative appliquée à la France

Le système éducatif français fut durant des décennies considéré comme « le meilleur au monde ». Simple chauvinisme appuyé sur l'absence de comparaisons internationales ? Le XXe siècle, par la diversité et le nombre de nos prix Nobel, médailles Fields et brevets, offre la meilleure des réponses. Les ingénieurs français furent longtemps réputés. Ce n'est plus le cas. Fatalité de l'émergence de nouvelles puissances, nous disent les prétendus « optimistes » (ceux qui s'opposent au méchant discours « décliniste », c'est-à-dire tout simplement sceptique et critique – mais qui se soucie encore de philosophie antique et d'étymologie ? Critiquer, c'est juger, et donc penser...). Voilà qui n'explique en rien le dramatique recul des capacités de raisonnement scientifique dont s'inquiètent nombre de nos universitaires... Mais prenons les choses dans l'ordre.

Au commencement était l'éducation libérale (au sens le plus noble de ce terme ; rien à voir avec ce que nos contemporains ont fait du libéralisme). Cette expression désigne une conception humaniste de la transmission des savoirs à travers l'étude des grandes disciplines qui composent le champ des connaissances humaines, mathématiques, sciences, grammaire, géographie, histoire, musique, harmonie, latin, grec, hébreu, arabe (pour ne citer que quelques-unes des disciplines évoquées par Rabelais dans la « Lettre de Gargantua à Pantagruel », sorte de manifeste humaniste). Cette étude des savoirs disciplinaires à vocation « encyclopédique » (le terme ne désigne pas encore la connaissance pléthorique d'un Pic de la Mirandole, mais il incarnera par la suite l'esprit des Lumières, de sorte qu'il est significatif qu'il soit désormais honni par nos modernes réformateurs) a pour vocation de former l'honnête homme, le *kalos kagathos* des Grecs, sorte d'aboutissement intellectuel et moral d'un citoyen capable de raisonner, de juger du bien et du mal, de s'émouvoir devant la beauté... Autant de qualités désespérément inutiles puisqu'elles sont l'apanage de l'homme libre. L'éducation libérale fut donc le modèle de l'éducation des élites dans nombre de pays européens, certains privilégiant au contraire les connaissances plus utiles, diplomatie, droit, « gouvernance », comme on dirait aujourd'hui. Ces fantaisistes de Français, tout enivrés de leur Révolution, ont voulu pour leur part que cette éducation libérale soit celle de tous les futurs citoyens, puisqu'ils n'étaient plus des sujets mais des individus souverains. Ce qui n'empêchait pas, pour les futurs ouvriers et paysans, de développer un enseignement pratique extrêmement concret en s'appuyant sur l'efficacité de la « leçon de choses ». Mais sur le fond, l'idée était que tout homme, quelle que soit sa condition dans la société, devait avant tout ne pas dépendre d'autrui pour former son jugement. En quelque sorte une garantie pour le bon exercice de la démocratie.

Pourquoi ce rappel ? Parce que c'est bien cette conception de l'éducation qui est actuellement mise à bas. Et elle l'est au nom de l'uniformisation des « techniques » de formation, puisque, aussi bien, il n'est plus désormais question que de cela. Avis aux doux rêveurs et aux fieffés réactionnaires : l'éducation n'a rien à voir avec la culture, la perpétuation d'une civilisation… L'éducation est la valorisation d'un capital humain purement individuel qui permettra à chacun de développer son « employabilité » et de se « former tout au long de la vie », ce qui devrait générer une « croissance durable ». Ce jargon caricatural semble ridicule ? Il est pourtant celui que l'on trouve dans la matrice de cette transformation des systèmes scolaires européens : la Stratégie de Lisbonne, définie par le Conseil européen en mars 2000 et fixant les objectifs pour 2010. Et il n'est pas anodin que cette Stratégie de Lisbonne prescrive à la fois la réforme des systèmes éducatifs et la libéralisation des services publics et des grands monopoles d'État comme l'énergie, les télécommunications ou les transports. L'éducation, dans ce projet, n'est qu'une des branches de l'économie. Elle sert à rendre les futurs salariés « adaptables aux emplois d'avenir », à « limiter les personnels non qualifiés » et à « augmenter la valeur ajoutée ». Dès 1995, la Table ronde des industriels européens, lobby fondé par les présidents de Volvo, Fiat et

Philips, et représentant les intérêts des groupes les plus puissants, publiait un Livre blanc qui résumait cette idée : « L'éducation doit être considérée comme un service rendu aux entreprises. »

En France, la Stratégie de Lisbonne n'a d'abord eu pour conséquence que l'harmonisation des diplômes universitaires (le fameux LMD, Licence-Master-Doctorat, vendu par le ministre « de gauche » Claude Allègre pour remplacer la vieille organisation française en Deug, bac + 2, licence, bac + 3, Maîtrise, bac + 4, DEA, bac + 5). Louable souci, devant permettre à nos étudiants de mieux « se vendre » aux entreprises étrangères. Des universitaires chenus ont bien protesté contre ce qui ressemblait fort au calibrage des diplômes en fonction des impératifs économiques (ce qui peut s'entendre pour des ingénieurs, mais plus difficilement pour des chercheurs en astrophysique), mais ce conservatisme fut vite balayé. Et l'on vendit au grand public ravi cette grande réussite européenne, celle qui résume l'argumentaire en faveur de la poursuite de la course en avant, Erasmus. Ah, que seraient les plaidoyers pro-Union européenne sans Erasmus ? Le chômage de masse, la crise des dettes souveraines, l'inflation technocratique, le mépris des peuples, on peut tout accepter, tant qu'il y a Erasmus.

Mais la réforme des systèmes éducatifs, si elle a commencé dans le supérieur, ne s'arrête pas là. Bien au contraire, l'objectif principal est de bouleverser l'ensemble de l'édifice, dès l'école primaire, dans un sens qui réponde à l'impératif économique. Dans un sens, donc, purement utilitariste, ce qui, pour les sociétés anglo-saxonnes, correspond à peu près à leur mode d'organisation et de pensée, mais qui se révèle en contradiction absolue avec l'essence même du modèle républicain à la française. Pour autant, le travail a été fait. Et l'analyse des différentes lois et réformes imposées depuis à l'Éducation nationale le prouve.

Claude Allègre (coqueluche des médias « de gauche » mais « modernes », donc acquis au néolibéralisme, parce qu'il proposait de « dégraisser le mammouth ») puis Jack Lang (le « socialiste » qui vendrait aux enseignants la corde pour les pendre) se lancèrent d'abord dans une réforme des programmes du lycée. Où l'on nettoyait tout ce qui pouvait ressembler à des savoirs classiques, et donc inutiles, toutes les études littéraires dans leur dimension culturelle et esthétique, au profit de la seule dimension argumentative. Racine, Hugo, ou n'importe quel article de journal, même combat : « convaincre et persuader ». Un prétexte, donc, à l'étude des « techniques argumentatives », parce que c'est cela qui sera utile au futur cadre. Vendre et se vendre. Les vertus héroïques et la beauté des alexandrins, c'est ringard, et, surtout, ça ne fait pas tourner l'économie.

Peu de temps après, intervient la loi d'orientation de 2005, dite Loi Fillon, préparée par les travaux de la Commission Thélot de 2004 (qui permit à Jacques Chirac de s'asseoir sur sa promesse d'un référendum sur l'école). Curieusement, on trouve dans cette loi tous les concepts mis en avant par les instances européennes et la Stratégie de Lisbonne pour rendre plus « efficients » les systèmes éducatifs. Mais c'est un pur hasard puisque l'école relève bien sûr des missions régaliennes de l'État. Autonomie des établissements, organisation en équipes, enseignements pluridisciplinaires, baisse des horaires dévolus aux disciplines traditionnelles au profit d'expérimentations pédagogiques, fonctionnement en « séquences » et « projets pédagogiques ». Et au cœur de tout ce dispositif, le « socle commun de connaissances et de compétences » qui, dans l'affichage initial, devait permettre de déterminer ce que doit savoir un élève à chaque étape du cursus scolaire, et qui se révéla en fait une usine à gaz technocratique dont l'unique but était de remplacer progressivement les vieilles connaissances disciplinaires par des « compétences » évaluables facilement et correspondant aux besoins futurs des salariés, à la fois en termes de pure fonctionnalité économique et pour garantir la paix sociale par un minimum de comportements « citoyens » (« civiques », ce serait encore trop ; la transformation du nom commun en adjectif en dit long sur l'évolution de la démocratie).

Petite histoire des « compétences »

Ce concept de compétences est un concept clé. Celui qui est au cœur de la transformation de l'école. Celui qui s'est imposé par une forme de lobbying subtil comme l'image même de la modernité éducative. Le concept de compétences vient en effet, et ce n'est pas un hasard, de la formation professionnelle. Il apparaît dans les travaux de chercheurs américains dès le début des années 1970 à travers l'idée de *competency based education*. Il est rapidement appliqué à la formation initiale, d'abord dans les pays anglo-saxons, puis au Québec, d'où il finit par irriguer tous les pays francophones. Le « modèle canadien » est d'ailleurs devenu la coqueluche de nos décideurs, non seulement pour sa dimension communautariste (ses « accommodements raisonnables », comme ce fameux projet de tribunaux islamiques appliquant la charia aux membres de la « communauté ») mais surtout, depuis quelques années, pour ses supposées réussites éducatives.

Le terme de compétence, derrière une définition relativement floue, a abouti à distinguer des compétences « de premier, deuxième et troisième degré ». Du simple automatisme acquis depuis toujours à l'école à travers une pédagogie classique à des éléments relevant purement et simplement du vocabulaire de l'entreprise. Mais il implique surtout un changement de paradigme. Il ne s'agit plus de transmettre des savoirs dont l'assimilation modifie la personne et développe l'humanité en elle – la conception humaniste de l'éducation repose sur cette idée : le savoir nous change et son acquisition implique un cheminement qui est au moins aussi essentiel que le savoir lui-même –, mais de vérifier que l'élève est capable de « mobiliser » des « ressources » pour répondre à une situation concrète spécifique. Le contenu des programmes n'a donc plus aucune importance, puisque l'élève n'est même plus obligé de posséder les connaissances, du moment qu'il sait les « mobiliser », terme essentiel dans la rhétorique des théoriciens de l'école nouvelle. Évidemment, la suppression pure et simple de toute référence aux savoirs n'était pas possible, surtout en France, et dans une loi portée par un gouvernement « de droite » (donc devant ménager un électorat qui n'a pas encore totalement compris que son adhésion à l'impératif moderniste et néolibéral lui avait fait renier toute forme de conservation des valeurs traditionnelles et des savoirs anciens). Le socle commun est ainsi dit « de connaissances et de compétences », l'ordre des mots constituant une concession de pure forme aux indécrottables conservateurs ; la logique du socle, ce qui détermine son existence même, c'est bien la disparition progressive de tout contenu, et en particulier des savoirs traditionnels, au profit de la mise en œuvre d'attitudes et d'actions pour répondre à une « situation-problème ».

Le discours officiel peut donc prétendre que les politiques éducatives relèvent des États, ce qui s'impose est en fait un standard international répondant aux besoins des grands groupes, à savoir une main-d'œuvre, elle-même répondant à des critères rationalisés et uniformes. La globalisation n'a pas oublié l'éducation, c'est même son terrain de jeux prioritaire. Comment un tel bouleversement a-t-il été possible en l'espace de vingt ans ? Nul besoin de contrainte, de directives européennes ou d'ingérence quelconque. D'ailleurs, le modèle s'impose bien au-delà des pourtours de l'Union européenne. En fait, dans tous les pays soumis à l'influence anglo-saxonne. Il a suffi pour cela d'introduire dans le monde éducatif les pratiques de *benchmarking* bien connues des gourous du management et de la gouvernance d'entreprises, de développer des outils statistiques apportant le caractère indiscutable des chiffres et le vernis de scientificité nécessaire.

Les désormais célèbres études PISA, produites par l'OCDE tous les trois ans depuis 2000, ont opportunément joué ce rôle. Des études mesurant les « compétences », justement, des jeunes de 15 ans dans les pays de l'OCDE. Certes, elles eurent le mérite, en France, d'apporter un démenti cinglant aux pédagogues autoproclamés qui prétendaient contre toute évidence que leurs méthodes étaient miraculeuses et que le niveau « montait » indéfiniment (comme dans un bon régime soviétique, on changea donc de discours et l'on expliqua que c'est parce que ces méthodes étaient insuffisamment appliquées – la faute aux méchants contre-révolutionnaires – qu'elles échouaient). Mais ces études PISA permirent surtout d'imposer partout une vulgate pédagogique au motif que « les chiffres » démontraient la supériorité de certains modèles éducatifs. On porta donc au pinacle le « modèle finlandais », avant que la mode ne change et que le « modèle canadien » ne soit présenté comme la panacée. Un petit laïus accompagne d'ailleurs l'étude pour dicter aux médias des pays concernés comment interpréter les précieuses statistiques, qui risqueraient, sinon, de ne pas être suffisamment explicites. Bêtement, le lecteur moyen risquerait de remarquer qu'autour de la Finlande tous les pays qui arrivent en tête sont asiatiques : Shanghai, Hong Kong, Corée du Sud et Japon (les deux premiers relevant de la catégorie des cités-États, qui présentent l'avantage de ne pas voir leurs résultats plombés par des populations rurales et pauvres : le fantasme de l'élite urbaine mondialisée se matérialise là). Des systèmes scolaires ultra coercitifs, où l'effort et la compétition sont les seules valeurs. Le commentaire, bien sûr, préfère mettre en avant l'absence de sélection, les « pédagogies innovantes » et le refus du redoublement (ça coûte cher) du système finlandais.

À noter que c'est le cabinet McKinsey qui se charge de réaliser l'étude pour le compte de l'OCDE. Le cabinet McKinsey, dont le relais en France est l'Institut Montaigne, toujours prompt à conseiller les décideurs de gauche et de droite « raisonnables », donc imprégnés des belles certitudes que leur dicte la globalisation néolibérale. Le cabinet McKinsey, à qui l'on s'adresse en France – est-ce un hasard – quand il s'agit de produire une étude sur les réformes à mettre en place sur le marché du travail.

C'est ainsi que s'est répandue avec une célérité admirable l'idéologie de l'enseignement par compétences. Ce qui s'est traduit en France par le « Livret de compétences » remis aux parents, et qui est un chef-d'œuvre de jargon pédago-technocratique. Les compétences y sont regroupées en grandes thématiques, que ce soient « les principaux éléments de mathématiques et la culture scientifique et technologique » (oui, « culture » : on ne va quand même pas s'embarrasser de connaissances rigoureuses et de compréhension des phénomènes physiques) ou « la culture humaniste » (l'histoire, la géographie, c'est ringard), et bien sûr les « compétences sociales et civiques » (à coups de « débats citoyens », bien entendu) et « l'autonomie et l'initiative » (on a besoin de futurs cadres s'investissant avec enthousiasme, pas d'ouvriers travaillant à la chaîne). Chaque compétence précise est déclinée dans des formulations absconses (« Au cours d'une étude de documents, dans un énoncé, l'élève repère des informations en accord ou non avec ses connaissances antérieures », il sait « manifester sa compréhension par tout moyen jugé équivalent par le professeur – langue des signes, mime, illustrations) »... Oui, pour évaluer la maîtrise de la langue française ! Mais le mot d'ordre, quelle que soit la compétence évaluée, est le même : « mettre en situation » et « privilégier l'oral » car il y a « certains obstacles comme l'impossibilité pour certains élèves d'entrer dans un processus de rédaction alors qu'ils sont tout à fait capables de raisonner et d'expliquer oralement leur raisonnement ». Bref, on peut être un grand scientifique injustement freiné par un illettrisme fortuit.

Malgré des résistances dans la plupart des pays européens qui ont connu ces évolutions, de la Belgique aux Pays-Bas, en passant bien sûr par la France, de telles pratiques se sont imposées avec une facilité d'autant plus grande que les milieux scolaires y avaient été préparés par quelques décennies de bouleversement des méthodes pédagogiques. Les compétences sont finalement la version moderne et technocratique de ces « savoir-faire » et « savoir-être » que des pédagogues bienveillants avaient voulu substituer aux savoirs jugés élitistes et discriminants. Là encore, le courant était venu du monde anglo-saxon, et Hannah Arendt en décrit les ravages dans *La Crise de la culture*. Il se caractérise par une prééminence absolue de l'individu, dont il s'agit de laisser s'épanouir les talents. Les savoirs anciens sont donc considérés comme les armes servant à imposer des valeurs et des traditions à un individu qui doit au contraire se libérer du passé pour s'autoengendrer. D'où la facilité avec laquelle les diktats de l'utilitarisme techniciste se sont insinués dans les réformes portées par les différents gouvernements en matière d'éducation.

En France, la réforme du collège portée par Najat Vallaud-Belkacem en est la plus pure illustration. Derrière des mots d'ordre généreusement égalitaristes sur la « réussite de tous », on y retrouve toutes les préconisations, toutes les injonctions du nouvel ordre éducatif, en particulier cette obsession de la mise en situation à travers des « projets pluridisciplinaires », les EPI ou Enseignements pratiques interdisciplinaires venant bien évidemment remplacer des heures de cours de mathématiques, de français ou d'histoire. L'opinion aura retenu la suppression des langues anciennes, remplacées par une initiation aux cultures antiques dans le cadre de ces enseignements interdisciplinaires. Traduction : un vague survol qui ne donnera pas la moindre possibilité aux élèves de comprendre la logique de la langue ni de concevoir ce que notre monde doit aux civilisations grecque et romaine. On pense à la phrase de Saint-Marc Girardin : « Je ne demande pas à un honnête homme de savoir le latin ; il me suffit qu'il l'ait oublié. » L'école de la ministre « de gauche » Najat Vallaud-Belkacem n'a pas la moindre intention de former des honnêtes hommes, c'est-à-dire des hommes libres. Simplement des travailleurs à fort taux d'employabilité.

Et bien sûr entièrement soumis aux injonctions publicitaires et consommateurs de nouvelles technologies. Ainsi, le ministère a signé en novembre 2015 un partenariat avec Microsoft pour l'équipement des établissements et la formation des enseignants. Pour 13 millions d'euros, le géant de l'informatique s'offrait un pied dans l'école française et la possibilité d'habituer ses futurs acheteurs à son environnement numérique. Quant aux programmes de collège, ils regorgent d'exercices proposant aux élèves de créer des « conversations numériques », des « pages Facebook », des vidéos à mettre sur YouTube... Bref, on offre gratuitement aux GAFA du temps de cerveau humain disponible. Mais c'est pour la bonne cause : les chers petits ne pourraient tout de même pas affronter le monde extérieur sans savoir twiter ! Alors, les manuels scolaires réécrits en fonction des nouveaux programmes leur proposent un EPI « fais bouger ta littérature » pour réaliser un « roman-photo » à partir d'une chorégraphie collective (en danse ou arts du cirque) inspirée de la réception que les élèves ont des textes lus et étudiés en classe de français au sein de l'objet d'étude « dire l'amour », ou bien un exercice dont l'énoncé est le suivant : Vous souhaitez rompre avec votre petit(e) ami(e). Après lui avoir adressé le SMS ci-dessous, vous optez finalement pour une lettre afin de développer vos sentiments et les raisons qui vous poussent à prendre cette décision : « Sa va dps samedi ? G1 truc a te dir jcroi kon devré fer 1 brek... » (Manuel scolaire 5e, 4e, 3e, éditions Nathan).

Oralité, effacement systématique de toute référence patrimoniale, de toute dimension universelle, mise en avant de l'individu comme mesure de toute chose… L'idéologie qui dicte la réforme du collège est celle qui inspire toutes les précédentes réformes depuis vingt ans : une idéologie purement utilitariste qui ne voit dans l'éducation que la valorisation d'un capital humain strictement individuel mais qui nourrira la croissance globale. Égoïsme privé, vertus publiques… Ou plutôt rendement public, puisque c'est bien la seule notion qui vaille : les dépenses d'éducation ne se justifient que parce qu'elles contribuent à la production de richesse. Mais dans un marché mondialisé, l'uniformisation des systèmes scolaires permet une mise en concurrence absolue des marchés du travail. De sorte que les éventuels ratés de tel ou tel pays en matière d'éducation n'iront pas émouvoir outre mesure les décideurs. Certes, voilà qui fait mauvais genre, et l'on entendra régulièrement certains d'entre eux promettre qu'ils mettront fin au « décrochage scolaire » (150 000 jeunes chaque année en France qui sortent du système sans qualification, 3 millions de personnes en vingt ans, cela commence à peser sur la population d'un pays…). Mais de là à s'intéresser aux causes de ce décrochage… La dernière lubie ministérielle est plutôt de payer les décrocheurs ; une cagnotte de 1 000 euros par an. Puisqu'ils ne viennent à l'école que pour pouvoir alimenter le marché du travail, autant commencer à les payer tout de suite.

Car voilà bien le paradoxe de ce nettoyage généralisé des systèmes éducatifs des pays occidentaux (on a vu que les pays asiatiques étaient pour l'heure largement préservés, de même que la Russie. Discipline, aux deux sens de ce terme, y est un maître mot) : il aboutit à un effondrement culturel, ce qui, redisons-le, ne dérange absolument pas les promoteurs de ce système puisqu'il est bien entendu qu'un cadre épanoui n'a nul besoin de savoir comment Henri IV mit fin aux guerres de Religion, mais il aboutit surtout à un abrutissement généralisé par la baisse dramatique de la maîtrise du vocabulaire, de la grammaire, du raisonnement et de la logique. L'Union européenne avait vendu aux peuples l'économie de la connaissance, grâce à la Stratégie de Lisbonne. Ils se retrouvent avec le chômage de masse et l'ignorance pour tous.

La machine à broyer les classes moyennes

Le paradoxe, pourtant, n'est qu'apparent. Jean-Claude Michéa l'avait démontré dès 1999 dans un livre, *L'Enseignement de l'ignorance et ses conditions modernes* (Climats), qui expliquait comment les réformes récentes du système éducatif visaient à la mise en place de l'« école du capitalisme total », c'est-à-dire à la suppression de tous les obstacles idéologiques et culturels au règne du marché. Or, la résistance intellectuelle des classes populaires constitue un de ces obstacles.

La démocratie, et particulièrement sous sa forme française de République, s'est appuyée depuis deux siècles sur deux éléments essentiels : des classes populaires de plus en plus éduquées, donnant tout son sens au suffrage universel à travers l'idéal du citoyen autonome exerçant son libre arbitre, et l'émergence d'une classe moyenne acquise au régime grâce à un principe méritocratique qui garantissait à ses enfants de pouvoir accéder à l'élite. Ce sont ces deux piliers du pacte démocratique que les réformes décrites plus haut ont jetés à bas. Dans un système où les intérêts des classes supérieures se désolidarisent de ceux des autres catégories de population, le renouvellement des élites n'est plus un sujet. Bien au contraire, la baisse du niveau global d'enseignement dans l'école républicaine favorise ceux dont la famille peut pallier les défaillances du système gratuit. D'abord en payant. L'école privée, bien sûr, mais surtout des cours complémentaires. Le « marché de l'éducation », à travers les stages de soutien scolaire proposés par les diverses entreprises du secteur, notamment Acadomia (120 millions d'euros de chiffre d'affaires), pèse désormais 2,5 milliards d'euros en France.

L'évacuation des classes moyennes se fait de façon plus subtile. Elles étaient les principales bénéficiaires du système des concours nationaux et anonymes qui permettait en France de sélectionner les futures élites. Bien sûr, le brassage ne se faisait pas immédiatement mais sur deux générations. Un fils de paysan pouvait devenir professeur, un fils de professeur pouvait espérer entrer à Normale sup. Or, non seulement la baisse générale du niveau concentre désormais le recrutement des grandes écoles sur un tout petit nombre de lycées, dont la province est de plus en plus exclue, mais la philosophie même du concours anonyme est remise en cause. La transformation de Sciences-Po au début des années 2000 est emblématique d'une reconfiguration de l'enseignement supérieur français sur le modèle anglo-saxon, reconfiguration qui, dans la tête de son concepteur, le très médiatique Richard Descoings, devait s'étendre par la suite au secondaire. Pour l'affichage : une remise en cause « de gauche » de cette injustice qui voit le recrutement de l'école se resserrer pour exclure presque totalement les classes populaires. Mais en fait de classes populaires, il n'est question dans le discours du brillant directeur que des « jeunes des quartiers », les « nouveaux publics », selon l'expression consacrée rue de Grenelle. La réforme portée par Richard Descoings comporte trois volets : d'abord, la fameuse filière ZEP, qui permet à des jeunes issus de certains lycées difficiles d'accéder à l'école sans passer par le concours anonyme imposé à tous. Les lycées choisis sont évidemment situés dans des banlieues à forte diversité ethnique : les difficultés des jeunes de la Creuse ou de la Somme intéressent moins le grand réformateur. Et ce n'est qu'au dernier moment qu'il abandonne l'expression « discrimination positive » qui lui plaisait tant, mais qui annonce trop clairement la couleur. À cela s'ajoutent deux autres volets. La réforme prévoit l'augmentation des droits d'inscription, avec un système de bourses pour les plus défavorisés. Enfin, monsieur le directeur accuse le concours traditionnel d'imposer une épreuve de culture générale, considérée comme discriminante envers les jeunes issus de l'immigration. Le discours est limpide : on entérine l'échec de l'école à donner à tous les mêmes armes, on considère que les populations des banlieues sont condamnées à s'intéresser au rap et au slam, et qu'il ne faut donc plus exiger la moindre culture « classique » pour l'accès aux grands corps de l'État. Dans l'esprit de Richard Descoings, les choses sont claires : le contenu n'est rien, la culture, les connaissances, n'ont aucun intérêt ; une école comme Sciences-Po ne sert qu'à fournir des « réseaux ». Dans cette logique, quiconque entre dans l'école, quel que soit son niveau, réussira aussi bien que les autres. D'où une sélection fondée, non plus sur les connaissances, mais sur la personnalité. Le résultat d'une telle réforme révèle la nature même de cette idéologie et son lien avec le système néolibéral qui la sous-tend : le recrutement de l'école continue à se concentrer sur une petite élite ultra favorisée, à laquelle on ajoute des boursiers recrutés sur dossier. Les classes moyennes, elles, peuvent envoyer leurs enfants dans les facs paupérisées.

Aucun hasard, une fois de plus, à ce que Richard Descoings ait été courtisé, adulé, aussi bien à droite qu'à gauche. En 2009, c'est à lui, « homme de gauche », que Nicolas Sarkozy confie une « consultation nationale » visant à faire passer sa réforme du lycée dont la première version a mis professeurs et lycéens dans la rue. Une première version qui entendait généraliser une organisation du lycée sous forme de modules semestriels, et qui en finissait définitivement avec tout apprentissage disciplinaire et chronologique selon des programmes nationaux.

Tittytainment

Allant de pair avec l'écrasement des classes moyennes, qui constituaient au contraire le premier soutien de l'école républicaine, le phénomène sans doute le plus brutal est l'affaissement massif du niveau culturel des populations occidentales dans leur ensemble. Résultat conjugué d'un abandon des ambitions culturelles dans le lieu même qui devait les promouvoir, l'école, et de l'invasion d'un modèle de divertissement massifié auquel l'école, bien loin de résister, donne peu à peu une légitimité en intégrant cette « culture » à ses références pour « motiver » les élèves et « parler leur langage ». Les réformes scolaires censées promouvoir « l'économie de la connaissance » fabriquent des crétins satisfaits, que la mise en avant de l'oral et l'obsession de la *self esteem* (chère aux pédagogues américains) à coups de suppression des notes et de « remarques positives » sur les bulletins rendent hermétiques à toute idée d'effort, de rigueur et d'exigence. On ne peut comprendre cet apparent paradoxe qu'en gardant à l'esprit l'objet premier de ces réformes : une harmonisation des systèmes scolaires pour permettre un élargissement du marché du travail à l'ensemble de la planète. Les ingénieurs français ne sont plus au niveau ? Aucune importance, les ingénieurs indiens répondent parfaitement à la demande, comme le prouve depuis des années la politique de recrutement chez EADS, Capgemini ou d'autres.

Le marché, somme toute restreint, des emplois à haute valeur ajoutée, nécessitant une formation pointue, se contente assez facilement d'une situation où seule une petite élite mondiale accède à la formation. Une petite élite mondiale dont l'Occident n'aura plus le monopole. De toute façon, les gains de productivité induits par la révolution numérique attaquent les emplois des anciennes classes moyennes après avoir laminé les classes ouvrières des pays développés. Ce processus est d'ailleurs parfaitement explicité, anticipé, par certains. Il n'est besoin pour s'en convaincre que de relire l'ouvrage de Hans-Peter Martin et Harald Schumann, *Le Piège de la mondialisation*, publié en 1997 (et cité par Jean-Claude Michéa dans *L'Enseignement de l'ignorance*). Les auteurs y décrivent une réunion, la première du State of the World Forum, un think tank se donnant pour mission de réunir les grands esprits de ce monde pour proposer des solutions aux défis globaux (rien que ça…). Réunis à San Fransisco, à l'hôtel Fairmont fin septembre 1995, Mikhaïl Gorbatchev, George Bush, Margaret Thatcher, Vaclav Havel, Bill Gates, Ted Turner, et les autres, arrivent à la conclusion qu'est inévitable ce qu'ils baptisent la société des 80/20, ou société des « deux dixièmes ». Voici comment les auteurs du livre décrivent la réunion en question :

« L'avenir, les pragmatiques du Fairmont le résument en une fraction et un concept : "Deux dixièmes" et "tittytainment". Dans le siècle à venir, deux dixièmes de la population active suffiraient à maintenir l'activité de l'économie mondiale. "On n'aura pas besoin de plus de main-d'œuvre", estime le magnat Washington Sycip. Un cinquième des demandeurs d'emploi suffira à produire toutes les marchandises et à fournir les prestations de services de haute valeur que peut s'offrir la société mondiale. Ces deux dixièmes de la population participeront ainsi activement à la vie, aux revenus et à la consommation – dans quelque pays que ce soit. Il est possible que ce chiffre s'élève encore de 1 ou 2 %, admettent les débatteurs, par exemple en y ajoutant les héritiers fortunés.

« Mais pour le reste ? Peut-on envisager que 80 % des personnes souhaitant travailler se retrouvent sans emploi ? "Il est sûr, dit l'auteur américain Jeremy Rifkin, qui a écrit le livre *La Fin du travail*, que les 80 % restants vont avoir des problèmes considérables." Le manager de Sun, John Gage, reprend la parole et cite le directeur de son entreprise, Scott McNealy : à l'avenir, dit-il, la question sera *to have lunch or be lunch* : avoir à manger ou être dévoré.

« Cet aréopage de haut niveau qui était censé travailler sur "l'avenir du travail" se consacre ensuite exclusivement à ceux qui n'en auront plus. Les participants en sont convaincus : parmi ces innombrables nouveaux chômeurs répartis dans le monde entier, on trouvera des dizaines de millions de personnes qui, jusqu'ici, avaient plus d'accointances avec la vie quotidienne confortable des environs de la baie de San Francisco qu'avec la lutte quotidienne pour la survie à laquelle doivent se livrer les titulaires d'emplois précaires. C'est un nouvel ordre social que l'on dessine au Fairmont, un univers de pays riches sans classe moyenne digne de ce nom – et personne n'y apporte de démenti.

« L'expression *tittytainment*, proposée par ce vieux grognard de Zbigniew Brzeziński, fait en revanche carrière. Ce natif de Pologne a été quatre années durant conseiller pour la Sécurité nationale auprès du président américain Jimmy Carter. Depuis, il se consacre aux questions géostratégiques. Tittytainment, selon Brzeziński, est une combinaison des mots *entertainment* et *tits*, le terme d'argot américain pour désigner les seins. Brzeziński pense moins au sexe, en l'occurrence, qu'au lait qui coule de la poitrine d'une mère qui allaite. Un cocktail de divertissement abrutissant et d'alimentation suffisante permettrait selon lui de maintenir de bonne humeur la population frustrée de la planète[1]. »

L'avantage des cyniques est qu'ils expriment tout haut une logique que beaucoup acceptent implicitement, mais sans jamais l'assumer. Brzeziński n'a fait que mettre un mot sur une réalité qui apparaît vingt ans plus tard dans toute sa brutalité. L'avantage du chômeur-consommateur, c'est qu'il ne vote quasiment pas. Tant que son divertissement lui est garanti par un pouvoir d'achat minimal, il ne se révolte pas. Le voudrait-il qu'il ne le pourrait pas. L'école de la bienveillance et de la « liberté d'expression » garantie lui a donné la parole mais s'est bien gardé de lui donner les mots.

Novlangue, respect et développement durable

« Ce qui se conçoit bien s'énonce clairement et les mots pour le dire arrivent aisément. » Combien d'écoliers français ont ânonné ces vers de Boileau qui présidaient au culte de la grammaire et de la belle langue dans la bouche du plus modeste des hussards

1. Hans-Peter Martin, Harald Schumann, *Le Piège de la mondialisation*, Solin Actes Sud, 1997.

noirs de notre République ? George Orwell et sa sombre utopie sont venus nous déssiller et nous enseigner que les mots, contrairement à ce que suggère Boileau, préexistent à la pensée. Ce que l'on sait nommer se conçoit aisément dans chacune de ses nuances.

C'est sur la maîtrise de la langue que le niveau scolaire s'est effondré de la façon la plus marquante. Pas seulement l'orthographe, dont on nous explique doctement et avec un certain mépris qu'elle est une obsession française, une marotte sans grand intérêt, en oubliant au passage que la question de l'orthographe se pose différemment pour chaque langue puisqu'elle reflète la plus ou moins grande correspondance entre phonèmes et graphèmes. Le français, de ce point de vue, pose des problèmes spécifiques qui expliquent ladite obsession. Mais la déperdition est bien plus vaste.

Elle relève d'abord d'un phénomène global mis en évidence par de nombreuses études anglo-saxonnes, la France étant peu versée dans la critique de la petite lucarne. En effet, le SAT-Verbal (Scholastic Aptitud Test), test standardisé de compétence langagière que passent les étudiants américains, a vu ses résultats s'effondrer entre 1965 et 1980. Et c'est une chercheuse, Marie Winn[1], qui a démontré que la baisse du vocabulaire suivait très exactement la courbe de déploiement de la télévision dans les foyers américains, avec un décalage dans le temps de dix-sept, dix-huit ans (le temps que les enfants ayant grandi avec la télévision soient en âge de passer le test). Le seul ouvrage français reprenant ces

1. *The Plug-In-Drug*, Penguin Group, 2002.

études est signé Michel Desmurget et il porte un titre explicite : *TV Lobotomie*[1]. Les mêmes études démontrent d'ailleurs également comment se déploient, parallèlement, l'obésité chez les enfants et adolescents, les névroses alimentaires et l'obsession du corps chez les petites filles... Plus étonnant, les effets délétères du petit écran croissent avec le niveau social des parents[2]. Est-ce anecdotique, une étude (Dimitri A. Christakis, « Audible television and decreased adult words, infant vocalizations, and conversational turns : a population based study », 2009, cité par Michel Desmurget) montre que le temps de discussion dans le foyer diminue proportionnellement au temps passé devant la télévision, et que c'est en premier lieu le temps de parole du père de famille qui se trouve ainsi ramené à la portion congrue... À vrai dire, quiconque lit l'ouvrage de Michel Desmurget et les innombrables études dont il fait état finit immanquablement par se demander comment des décideurs peuvent faire mine d'ignorer les dégâts majeurs causés par la télévision. À moins que cet abrutissement généralisé ne semble finalement pas dramatique à ceux qui nous dirigent.

Or ce phénomène global, non seulement n'est pas atténué, mais il est amplifié par l'école. Entre la baisse drastique du nombre d'heure de français dans les quarante dernières années et la disparition progressive de la grammaire dans les programmes de primaire et de

1. Max Milo, 2012, rééd. J'ai Lu.
2. George Comstock, *Television and the American Child*, cité par Michel Desmurget, *TV Lobotomie, ibid.*

collège, remplacée par une « observation réfléchie de la langue » qui consiste à partir du texte pour en tirer de vagues conclusions sur l'organisation des phrases, à rebours d'une grammaire logique et déductive permettant aux élèves de maîtriser les subordonnées. Concession, finalité, causes, conséquences sont des nuances de la pensée qui s'expriment par ces subordonnées que les jeunes gens sont incapables de manier. Ce sont les outils conceptuels du raisonnement qui sont attaqués, la capacité à distinguer l'essentiel de l'accessoire, la capacité à déterminer un enchaînement logique, son caractère inéluctable ou voulu... De même, l'usage du subjonctif, mode qui exprime le potentiel, devient de plus en plus hasardeux. Les collégiens et lycéens sont prisonniers de l'indicatif, le mode du réel, de ce qui est. Pas de danger qu'ils imaginent un jour ce qui pourrait être, ce qu'ils voudraient voir advenir.

Pour autant, il ne faudrait pas que cette masse biberonnée à la pulsion d'achat et soumise à son individualisme primaire ne mette en danger la paix sociale, synonyme de doux commerce. Aussi les systèmes éducatifs développent-ils en parallèle des compétences de base nécessaires à l'employabilité éventuelle des compétences comportementales. Du tri sélectif au « respect » d'autrui et de ses opinions, on y apprend à vivre en société. Une forme de catéchisme « citoyen » qui se traduit en France dans le « socle commun de connaissances et de compétences » et son pilier n° 6, les « compétences sociales et civiques. » Ce qui donne par exemple : « L'élève sait identifier une situation de discrimination », ou encore « dans une situation ordinaire (classe, couloir, cour, CDI, autocar…) et en s'appuyant sur sa connaissance des règles fondamentales de la démocratie et de la justice, l'élève est capable d'argumenter pour prendre la défense de l'élève ou du groupe d'élèves discriminé » (à défaut de savoir que c'est un poète latin d'origine berbère, Térence, né au IIe siècle avant Jésus-Christ à Carthage, dans l'actuelle Tunisie, qui écrivit le premier : « Rien de ce qui est humain ne m'est étranger »… Mais trop de réflexion philosophique est superflue. On se contentera de « lutter contre les discriminations »). L'élève apprendra également à connaître « sa responsabilité de préservation envers soi-même et envers les autres » en appréciant en situation « le rapport « risques/sécurité ». S'y est ajoutée depuis les attentats une « charte de la laïcité » que doivent signer parents et élèves. Une laïcité détachée de tout contexte historique et philosophique, pour des élèves qui n'ont aucune chance d'apprendre ce que fut l'édit de Nantes et quelle influence purent avoir les massacres des guerres de Religion dans la conception française du rapport entre État et religions.

Des esprits chagrins feraient remarquer que le dressage est bien inefficace et que, si le consentement au système consumériste est tel que même le djihadiste le plus convaincu n'imaginerait pas une seconde abandonner ses Nike ou son iPhone (peut-être même pratiquent-ils le tri sélectif à Raqqa), le volet « civisme » laisse moins transparaître ses effets. Voilà bien l'inconvénient d'injonctions détachées de tout substrat culturel et civilisationnel. Elles sont parfaitement incapables de contrebalancer les forces centrifuges déployées par une construction idéologique purement individualiste dans laquelle chacun œuvre à l'affirmation de son moi en dehors de toute communauté nationale, de tout destin collectif. D'autant que ces forces centrifuges sont utilisées comme une arme de fragmentation des derniers bastions de résistance à la nouvelle idéologie totalitaire. L'État-nation comme lieu d'exercice de la démocratie a perdu son principal pilier, l'école. Les autres suivent.

À qui profite le crime ? En l'occurrence, le mot « profiter » prend ici son sens le plus concret, celui de « tirer un profit ». Un profit en forme de gigantesque capitalisation boursière.

Économie globale… emprise totale

La financiarisation

« Nous sommes reconnaissants au *Washington Post*, au *New York Times*, *Time Magazine* et d'autres grandes publications dont les directeurs ont assisté à nos réunions et respecté leurs promesses de discrétion depuis presque 40 ans. Il nous aurait été impossible de développer nos plans pour le monde si nous avions été assujettis à l'exposition publique durant toutes ces années. Mais le monde est maintenant plus sophistiqué et préparé à entrer dans le gouvernement mondial. La souveraineté supranationale d'une élite intellectuelle et de banquiers mondiaux est assurément préférable à l'autodétermination nationale pratiquée dans les siècles passés. » Nous sommes en juin 1991, à Baden-Baden. David Rockefeller, un des parrains du capitalisme américain, ouvre la session du Groupe Bilderberg qu'il a fondé. Ce groupe, comme la Commission Trilatérale qu'il préside également, rassemble d'éminentes personnalités, pour l'essentiel des deux rives de l'Atlantique : banquiers, entrepreneurs, hommes politiques. Les

Anglo-Saxons dominent, mais il y a aussi des Européens et quelques Français, que l'on condescend à coopter. S'ajoutent à cet aréopage quelques dirigeants de grands médias. À une condition : qu'ils oublient leur casquette de journaliste. Certes, ces organisations, ces clubs où la discrétion est la règle, n'ont aucun pouvoir… apparent. Ils ont, en revanche, une influence considérable sur l'establishment. Non sans cynisme, David Rockefeller résume en quelques mots le projet porté par « ces élites intellectuelles ». Celui de remplacer les gouvernements. Ce qu'il avouera dans *Newsweek* en 1999 : « Quelque chose doit remplacer les gouvernements et le pouvoir privé me semble l'identité adéquate pour le faire. »

Ce pouvoir privé, c'est celui des marchés, dont la matière première est l'argent, le capital. Or depuis la Grande Crise de 1929, la Seconde Guerre mondiale et l'émergence du bloc communiste, les marchés ont dû composer avec d'autres acteurs, à commencer par les États. Ce sont eux qui contrôlent la création monétaire, les mouvements de capitaux, le système bancaire. Avec des règles définies, en juillet 1944, à Bretton Woods. Des règles qui empruntent beaucoup aux idées de Keynes, un des artisans de cette conférence. Le socle de ce nouvel ordre économique du monde occidental repose sur un système monétaire dont le dollar est le pivot. Un dollar bon comme de l'or, avec une équivalence de 35 dollars l'once, les autres monnaies ayant des parités fixes.

Pendant un quart de siècle, l'Occident va connaître une prospérité sans égale. Face à la concurrence de l'URSS et des régimes communistes, le capitalisme se doit d'être plus performant, de produire plus de richesses que le bloc d'en face, et surtout de mieux les redistribuer. C'est le triomphe des idées de Keynes et du fordisme. Il faut partager la valeur ajoutée, les gains de productivité entre le capital, le travail, la collectivité, sans oublier, bien sûr, le client. On paie bien les ouvriers… pour qu'ils aient les moyens d'acheter les produits qu'ils fabriquent. On met en place des systèmes de protection sociale, pour amortir, gommer les aléas de la vie, sécuriser les populations. Pour éviter aussi qu'elles ne soient tentées par les sirènes du camp d'en face. Les inégalités se réduisent. Les classes moyennes deviennent le pilier des démocraties occidentales.

Le 15 août 1971, le monde change de base. Ce jour-là, Richard Nixon met fin à la convertibilité du dollar en or. Les États-Unis décident unilatéralement de ne plus honorer les engagements pris lors des accords de Bretton Woods. Pourquoi prendre le risque de casser un système qui avait assuré la prospérité des Trente Glorieuses ? Pour deux raisons au moins. La première est que les États-Unis sont engagés dans une guerre froide avec l'Union soviétique qui leur coûte de plus en plus cher. Il faut financer la compétition pour la conquête de l'espace et le coût, de plus en plus exorbitant, d'une guerre du Vietnam entreprise par les présidents démocrates, John Kennedy et Lyndon B. Johnson. Seconde raison : les récriminations des grandes entreprises américaines. Elles trouvent que la rémunération du capital est insuffisante, les syndicats trop puissants, l'État omniprésent et omnipotent. Tout cela freine, disent-elles, leur dynamisme, l'innovation, et ne permet pas de libérer les forces productives. Pour financer leur déficit budgétaire (déjà !), les États-Unis ont commencé à battre monnaie. Avec un risque : que les autres pays, à commencer par l'Allemagne et la France, inquiets de cette création monétaire, ne décident de convertir leurs dollars en or, et d'assécher toutes les réserves américaines de métal jaune.

En mettant fin à la convertibilité du dollar en or, les États-Unis se donnent le droit de battre monnaie. Sans contraintes. Ce qu'un secrétaire d'État au Trésor de l'époque, John Conally, résumera crûment : « Le dollar, c'est notre monnaie, c'est votre problème. » Résultat : le dollar plonge. Ce qui déstabilise les pays producteurs de pétrole, dont le prix s'exprime en dollars. Et qui explique, entre autres[1], le premier choc pétrolier, en septembre 1973. Il n'y a plus de changes fixes. Les monnaies fluctuent au gré de l'offre et de la demande. Un nouveau marché s'ouvre pour le monde de la finance, qui peut punir les États coupables de ne pas appliquer ce qu'il estime être les bonnes recettes de gestion. Comment ? En vendant sa monnaie et en faisant chuter les cours. Les changes flottants, c'est le début de la finance triomphante, une brèche dans le pouvoir régalien des États. Sauf pour les États-Unis, puissance

1. L'attaque d'Israël par une coalition de pays arabes, le 6 octobre 1973, servira de prétexte à la hausse de 70 % des prix du baril, alors de… 3 dollars. En réalité, c'est la hausse massive de la production de pétrole des États-Unis depuis 1970 et la dévalorisation du dollar qui poussent l'OPEP à engager le bras de fer.

dominante qui peut imposer aux autres des règles qu'elles ne s'applique pas à elle-même. Les Américains facturent, dans leur devise, l'ensemble de leurs achats et ventes à l'extérieur. Un avantage concurrentiel pour leurs entreprises qui n'ont pas besoin de s'assurer sur les risques de change. D'autant que le dollar fluctue, en réalité, en fonction des intérêts géostratégiques des États-Unis.

Avec un régime de changes flottants, les recettes keynésiennes classiques ne fonctionnent plus. Il faut en venir, ou plutôt en revenir, aux règles du libre-échange absolu, à commencer par celle de l'efficience des marchés. Milton Friedman et ses élèves de l'école de Chicago ont préparé ce qui va devenir la doxa du néo-libéralisme : la libéralisation totale du commerce, des échanges, de l'investissement qui génère la croissance économique, favorisant ainsi l'emploi et la hausse du niveau de vie de l'ensemble des agents économiques dans le monde. La compétition réduit l'inefficience. La globalisation permet aux pays et aux entreprises de profiter de leurs avantages comparatifs. On commence à défaire ce qui avait été fait sous le keynésianisme. Margaret Thatcher et Ronald Reagan en seront les artisans. Ils cassent les monopoles syndicaux, mais aussi les rentes de situation des grandes entreprises dans les services publics (*utilities*). C'est la dérégulation qui s'accompagne d'un début de privatisation, notamment en Europe. Margaret Thatcher va beaucoup plus loin que Ronald Reagan dans l'ouverture des marchés. C'est le fameux *big bang* de la place de Londres, avec la volonté d'en faire la plaque tournante dans la gestion des mouvements de capitaux internationaux.

Dette, spéculation et bulles financières

Au début des années 80 s'amorce la seconde phase de ce changement de paradigme. L'objectif est double. L'un, politique : vaincre l'URSS. L'élection d'un pape polonais au grand charisme déstabilise la Pologne communiste. Le soutien massif aux islamistes afghans épuise l'Armée rouge. Le concept de guerre des Étoiles fragilise l'économie soviétique, déjà exsangue. L'autre, économique : Londres et Washington nouent des relations privilégiées avec Pékin et Deng Xiaoping, à l'occasion de la rétrocession de Hong Kong à la Chine. Ils font ainsi coup double. Les liens entre les deux pôles du communisme se distendent. La Chine devient un allié économique potentiel. Elle entre *de facto* dans la zone dollar et va attirer peu à peu les multinationales américaines, japonaises et autres sur son sol. Pour offrir sa main-d'œuvre à un coût défiant toute concurrence.

La contrepartie de cette révolution néolibérale, c'est la dette, la spéculation, les bulles financières. L'indice Dow Jones triple de valeur pendant la décennie 80. Et ce, malgré deux krachs en octobre 87 et octobre 89. Les premiers depuis le fameux jeudi noir d'octobre 1929. À chaque krach, à chaque crise financière dans le monde, la Réserve fédérale américaine (FED) répond par de la création monétaire. Les liquidités mondiales gonflent démesurément par rapport à la croissance réelle de l'économie. Mais les idées de

Milton Friedman ont le vent en poupe. Les salaires ont été désindexés un peu partout (même en France sous un gouvernement socialiste). La dérégulation s'impose et, avec elle, les normes venues d'outre-Atlantique. L'Europe se met à l'heure néolibérale avec l'acte unique et la libéralisation des marchés financiers. La France traîne des pieds, mais cède. Certes, il y a bien quelques esprits chagrins pour s'inquiéter de cette financiarisation, de ce monde sans régulation, de la diminution régulière de la croissance (depuis 1971, on perd, en Occident, 1 % par décennie). Mais ces inquiétudes vont être balayées par la chute du mur de Berlin et l'effondrement de l'URSS qui dégagent l'horizon géopolitique pour un capitalisme triomphant. Il n'a plus de concurrent idéologique. Faute d'un parrain, les régimes nationalistes et socialistes arabes sont en perte de vitesse. Nasser est mort. L'Irak de Saddam Hussein, durement frappé par la première guerre du Golfe, est exsangue. Le régime des Assad, en Syrie, se fait discret. Quant à l'Algérie, la guerre civile y fait rage, certains milieux américains ne cachant pas leur sympathie pour le FIS. En Europe, on accélère l'intégration et l'élargissement. Plus question de construire une « Europe puissance » qui s'affirmerait comme un ensemble indépendant. Elle ne sera plus qu'un grand marché, ouvert à tous les vents, qui doit oublier cette « préférence communautaire » contraire à l'idéologie libre-échangiste. Américains et Allemands s'entendent pour intégrer le plus vite possible les anciens satellites de l'URSS. D'une part, pour les détacher complètement de la Russie. D'autre part, pour permettre aux groupes industriels, notamment allemands, de trouver là une main-d'œuvre bon marché, afin de délocaliser une partie des productions.

On assiste au même processus en Asie du Sud-Est, avec le *deal* qui se noue entre les multinationales américaines, le Parti communiste chinois et Washington. L'idée est simple. La Chine fabrique massivement les produits qu'elle exporte vers les pays solvables, notamment les États-Unis. Elle engrange ainsi des recettes à l'exportation. Elle emploie sa main-d'œuvre. Elle développe un tissu industriel. Une partie de ses excédents est recyclée en achats de bons du Trésor américain, émis au fur et à mesure que les déficits commerciaux de l'Oncle Sam grandissent. Au passage, on supprime des millions d'emplois, on fait pression sur les salaires, on rogne les avantages sociaux des travailleurs et des classes moyennes américaines. Les artisans de cette politique ne sont pas tant les Républicains que les Démocrates. Notamment les équipes de Bill Clinton. Ce sont elles qui vont financiariser le capitalisme et accroître le pouvoir démesuré de Wall Street et des marchés.

Les hommes sont connus. Certains, comme Alan Greenspan, ont même fait depuis un semblant d'autocritique. Comme président de la FED pendant vingt ans, il a fait des États-Unis une *credit card nation*. Le marché du crédit américain a quadruplé en deux décennies, atteignant à son départ de la FED, en 2006, 44 000 milliards de dollars. Le secteur financier représente, à cette même date, plus de 20 % du PIB américain et 40 % du total des bénéfices des sociétés américaines.

À côté d'Alan Greenspan, Républicain, il y a les secrétaires au Trésor du gouvernement de Bill Clinton, Robert Rubin, puis Lawrence Summers, que l'on retrouvera ensuite chez Obama. Ce sont eux qui vont convaincre le Président, en 1999, d'abolir le Glass Steagall Act. Voté en 1933, à l'initiative de Franklin Roosevelt, cet acte séparait le métier des banques de dépôts et des banques d'investissement. Pour éviter que l'argent des déposants ne soit mis en péril par la spéculation des banquiers. Désormais, il n'y aura plus de limite juridique aux mégabanques (11 000 fusions en quelques années). Le gouvernement Clinton multiplie les initiatives pour favoriser le secteur financier. Les collusions entre les clintoniens et Wall Street sont telles qu'une partie de la presse dénoncera ce « gouvernement Goldman Sachs ».

Pendant cette décennie 90, le capital – en l'occurrence le capital anglo-saxon représenté par les banques, les fonds de pension, les fonds d'investissement – prend le pouvoir. On développe un corps de doctrine avec ses dogmes, à commencer par celui du libre-échange absolu. On élabore de nouvelles règles pour optimiser le capital, favoriser son accumulation et non plus seulement sa rentabilité. On invente de nouveaux concepts de gestion, d'analyse financière. Désormais, l'entreprise n'a plus qu'une priorité : la valorisation du capital par son inflation boursière. On assiste ainsi à une transformation de l'essence même du capital. Il n'est plus un moyen de produire des biens et des services pour les individus et la collectivité. Il est devenu une fin en soi.

Le capitalisme n'est plus un système de production par le capital, mais un système de production de capital, favorisé par le crédit, les dettes et la création monétaire des banques centrales. Car toute l'ingénierie financière, les fusions, les rachats, les fameux LBO (Leverage Buy Out) se font avec de la dette. Des LBO qui se multiplient, les repreneurs d'entreprise pouvant faire supporter les intérêts de la dette par la société qu'ils rachètent. Hier, c'était interdit, l'entreprise étant une personne morale. Désormais, c'est permis. C'est ainsi que l'on a, de LBO en LBO, détruit des pans entiers de l'industrie. Il faut « faire cracher la bête, dégraisser, externaliser », afin qu'elle puisse honorer les intérêts de la dette et que les acquéreurs revendent, au bout de quatre ans, avec une belle plus-value. Une plus-value qui sera fort peu taxée, le lobby financier ayant obtenu, fort opportunément, de confortables avantages fiscaux. C'est ainsi qu'aux États-Unis – comme en Europe et en France – de très belles fortunes vont se réaliser. En vertu du *carried interest*, les actionnaires des fonds d'investissement qui pratiquent des LBO ne sont imposés qu'à 15 % sur leurs plus-values. Alors que l'impôt sur le revenu les aurait taxés à plus de 40 %. Les profits de cette nouvelle caste ne se comptent pas en millions, ni en dizaines, mais en milliards de dollars.

Avec cette financiarisation de l'économie, le système va acheter les managers des grandes entreprises. Hier, ils étaient au service de l'entreprise, personne morale, qui elle-même avait des responsabilités à l'égard de ses salariés, ses clients, la collectivité représentée par les États, et les actionnaires. Désormais, ces managers sont au service exclusif de ces derniers. Pour qu'ils les servent bien, on a développé les stock options, les bonus, les primes, les *golden hello*, les parachutes dorés, etc. D'où l'inflation des revenus des managers. Plus ils accroissent la rentabilité du capital investi, plus ils retournent de l'argent aux actionnaires (sous forme de dividendes ou de rachat d'actions), plus le cours de Bourse augmente et plus ils sont rémunérés. Peu importe que, pour atteindre les objectifs fixés par les marchés financiers, ils aient licencié massivement, fermé des usines, même si elles étaient rentables, pour les délocaliser, externalisé une multitude de fonctions jusque-là réalisées en interne, sabré dans les investissements, surtout à long terme, voire vendu l'entreprise ! Sans parler de l'optimisation fiscale. Les États, dans cette idéologie de la globalisation, étant voués à s'effacer, pourquoi dès lors leur payer des impôts ? Les systèmes de protection sociale étant synonymes de lourdeurs, de bureaucratie, d'inefficacité, pourquoi les entreprises financeraient-elles de tels systèmes ? L'optimisation fiscale devient la spécialité des grands groupes. Ils localisent les profits, surtout dans les paradis fiscaux, là où les taux d'imposition sont les moins élevés. Les groupes américains vont ainsi accumuler plus de 2 000 milliards de dollars non taxés, hors des États-Unis. Même phénomène en Europe et en France. Ainsi s'instaure, au niveau des entreprises, un monde à deux vitesses. La masse des PME, qui n'a ni les moyens, ni même l'envie d'optimiser, et qui paie l'impôt au taux fort. Les grands groupes, qui ont toutes les compétences et l'influence, *via* leurs *lawyers* et lobbyistes, pour pratiquer l'optimisation fiscale. L'inégalité devant l'impôt devient une constante du capitalisme financier.

À l'aube du troisième millénaire, les thèses de Milton Friedman sont plus que jamais à l'œuvre. Certes, la bulle boursière d'Internet a éclaté à l'été 2000. Mais ces mouvements erratiques des marchés sont dans la logique de ce néocapitalisme. Au nom du principe de la « destruction créatrice » cher à Schumpeter. Pour cet économiste allemand de la première moitié du XXe siècle, la régénérescence du capital passe par un processus constant et brutal de destruction-création. Les innovations et les entreprises détruisent les anciennes structures pour en faire émerger de nouvelles. Et les bulles et les krachs sont les deux mamelles du capitalisme financier.

Malgré la crise, le capitalisme financier n'a pas fait son aggiornamento

Survient alors le 11 septembre 2001. En s'attaquant aux deux tours du World Trader Center, Al-Qaida frappe symboliquement le cœur du système financier américain. Dès lors, défendre Wall Street devient un enjeu patriotique. Il faut tout faire pour sauver la finance et relancer la machine. Au lendemain du 11 Septembre, à côté de la réponse militaire en Afghanistan et en Irak, qui coûtera une fortune au budget américain, l'establishment américain apporte une réponse économique. La Chine intègre l'OMC, les multinationales américaines espérant avoir, très vite, un accès privilégié au marché et au consommateur chinois. Alan Greenspan est encouragé à reprendre, sur une échelle encore plus grande, ses bonnes habitudes de la décennie précédente : création monétaire, liquidités, dette, effets de levier. Les citoyens sont invités à s'endetter. Comme il faut des gages, ce sera cette fois l'immobilier, avec la naissance des fameux *subprimes*.

Certes, il y a bien toujours quelques Cassandre, à l'image de Maurice Allais, prix Nobel français d'économie, mais ils prêchent dans le désert. « Le mécanisme actuel de la création de monnaie par le crédit est certainement le “cancer” qui ronge irrémédiablement les économies de marchés de propriété privée [...] Le système actuel est fondamentalement antiéconomique et défavorable à un fonctionnement correct des économies. Il ne peut être avantageux que pour de très petites minorités[1]. » C'est le propre de toute idéologie de refuser une remise en cause des dogmes. Le néolibéralisme n'y échappe pas. À chaque crise, à chaque événement imprévu, on ne s'interroge pas sur leurs causes profondes. On pratique, au contraire, la fuite en avant. S'il y a des ratés, si le système donne l'impression de patiner, c'est parce qu'on n'est pas allé assez loin dans le libre-échangisme, dans la déréglementation. Il faut encore moins d'État et plus de pouvoir pour les marchés et le secteur privé.

Le 15 septembre 2008, avec la faillite de Lehman Brothers, l'opinion publique mondiale découvre que ce monde globalisé, tant vanté, débouche sur une crise globale. Au plus fort de la panique, les États, hier

1. Maurice Allais, *La Crise mondiale d'aujourd'hui*, Clément Juglar, 1999.

voués aux gémonies, sont appelés à jouer les pompiers d'un système au bord de l'implosion. Promis, juré, on va remettre de l'ordre. Si on renfloue les banquiers, c'est pour mieux les encadrer, les remettre au pas. Haro sur les bonus, les salaires exorbitants, les paradis fiscaux... Le nouveau G20 n'est-il pas là pour sauver le monde et accoucher de nouvelles règles du jeu ? Tel était en tout cas le souhait de ces électeurs américains qui avaient préféré Barack Obama à Hillary Clinton, dont le nom seul évoquait les dérives de ce capitalisme financier responsable de la crise de 2008, désormais rebaptisée « grande dépression ». Bien vite, Barack Obama constate que les pouvoirs du président des États-Unis, en théorie l'homme le plus puissant du monde, sont en réalité plus que limités. Pas question de toucher au cœur même du système et à ses dogmes. Obama tente de convaincre les sociétés américaines de se montrer un peu plus citoyennes, de rapatrier des emplois, de payer un peu plus d'impôts aux États-Unis. Il aimerait réguler les grandes banques. Ce sera un échec cuisant. Comment s'en étonner puisqu'au sein même de son équipe on retrouve des hommes qui s'étaient montrés avec Bill Clinton les meilleurs agents du lobby financier ? Il n'y aura pas de retour au Glass Steagall Act, mais une loi Dodd-Franck qui, en fait, laisse pour l'essentiel les mains libres aux grands établissements bancaires. Aucun dirigeant ne sera poursuivi à titre personnel. Tout au plus, les grands établissements paieront-ils quelques dizaines de milliards d'amendes. Une goutte d'eau par rapport à leurs océans de profits, dont l'essentiel reste délocalisé. Le système financier continue de prospérer, alimenté par les programmes de *quantitative easing* de la Réserve fédérale. Les grandes entreprises paient toujours aussi peu d'impôts. Pire même, elles se moquent des appels au civisme. Le plus bel exemple en est Apple.

Steve Jobs était un génie, mais son sens civique était particulier. Il détestait, comme ses collègues de la Silicon Valley, l'État et les taxes. L'entreprise n'avait jamais distribué de dividendes, préférant jouer sur la plus-value de ses actions. Après la mort de Steve Jobs, face aux récriminations de certains actionnaires, Apple a été contraint de verser un dividende. Seul problème : il fallait pour cela rapatrier aux États-Unis une petite partie des bénéfices localisés off shore et... payer 35 % d'IS sur ces sommes. Que croyez-vous que fit Apple ? Il a préféré emprunter cet argent, avec des taux réduits grâce à la politique de la FED, pour payer les dividendes. Et les profits restent dans les paradis.

Cette démission d'Obama face aux groupes de pression est encore plus spectaculaire dans le domaine du commerce mondial. Depuis la crise de 2008, la Chine et la Russie ne jouent pas le jeu que l'on attendait d'elles à Washington. Les multinationales se rendent compte que le marché chinois sera d'abord réservé aux entreprises locales et que la Russie de Vladimir Poutine n'entend pas céder aux sirènes du néolibéralisme. Les deux pays ont une conception très traditionnelle de leur souveraineté et n'acceptent pas les ingérences des néolibéraux occidentaux, au nom de la démocratie et des droits de l'homme. Dans le même temps, les négociations au sein de l'OMC patinent. Les grands pays émergents, comme le Brésil, l'Inde et l'Afrique du Sud ont rejoint la Chine et la Russie dans une alliance commerciale et demain monétaire au sein des BRICS. Dès lors, à Washington, on change de stratégie. On abandonne l'OMC pour revenir à une conception bloc contre bloc, qui fleure bon la guerre froide. D'un côté, il s'agit de rassembler tous les pays du Pacifique, notamment du Sud-Est asiatique, qui s'inquiètent de la montée en puissance de la Chine, au sein d'une alliance, le TPP (Trans Pacific Partnership). Une zone de libre-échange total qui ne concerne pas que les marchandises, mais aussi les services et les données. Une zone sous l'influence de Washington et de ses multinationales. De l'autre côté, on relance l'idée du partenariat transatlantique. Une alliance qui vise, cette fois, directement Moscou.

Une fois de plus, les classes dirigeantes sont incapables d'analyser en profondeur les raisons de la crise de ce capitalisme financier. Au lieu de réfléchir à un nouveau modèle, elles persévèrent dans l'erreur. Le libre-échange débridé est une des causes de la Grande Dépression, de la montée des inégalités, de la paupérisation des classes moyennes occidentales, eh bien… on va vous donner encore plus de libre-échange.

Le libre-échange généralisé

C'est un objet qui symbolise à lui seul, par sa multiplication et sa banalisation, l'essor incroyable du commerce mondial des dernières décennies. Vous le croisez sur les routes, en bas de votre maison, ou depuis une plage de villégiature voguant au loin sur d'immenses cargos. Les 20 millions de conteneurs qui transitent à chaque seconde sur les océans, sur les 500 millions de « boîtes » que compte la planète, constituent sans aucun doute le vecteur le plus visible de la globalisation marchande. Du téléphone au jouet, en passant par les machines à laver, le textile, tous ces produits manufacturés dans les grandes usines de la mondialisation, chinoises en tête, tous ont traversé la planète dans une boîte. Du producteur au consommateur, le cycle s'est réduit en temps et en coût, normalisé selon un enchaînement simple et immuable : usine, palette, conteneur, camion, grue, porte-conteneur, grue, camion, palette, hypermarché. Entre Shenzhen et le Leclerc de Châteauroux cinquante jours au mieux, 17 centimes le kilo (pour le seul transport maritime) et peu ou pas de droits de douane, l'Union européenne figurant parmi les zones économiques les plus ouvertes. Telle est la conséquence des multiples accords de libre-échange signés par les États depuis le tournant libéral des années 70. Des dizaines de traités qui, avec la financiarisation, l'autre face de la même pièce, ont forgé un nouvel ordre économique planétaire : la globalisation.

En un peu moins de trente ans, le volume des exportations de produits manufacturés a été multiplié par 4,5 (contre seulement un facteur 2 pour les produits miniers et les combustibles). Cette progression s'est faite à un rythme soutenu : deux fois celui de la production, de sorte qu'aujourd'hui la valeur de ces échanges représente près de 20 000 milliards de dollars, un tiers du PIB mondial, contre un sixième trente ans auparavant. Un monde nouveau est né, avec ses perdants, les classes populaires des pays de l'OCDE, et ses gagnants, la nouvelle classe de travailleurs des pays émergents et les super riches, le top 0,1 % mondialisé et avec eux, les multinationales. Devant les yeux médusés des classes moyennes occidentales, qui ont payé ce processus de trente ans au prix de la stagnation de leur revenu, les élites de leurs pays respectifs préparent un pas supplémentaire avec les traités TAFTA (Transatlantic Free Trade Agreement), encore en négociation entre les États-Unis et l'Union européenne, et le TPP (traité de Partenariat transpacifique – États-Unis, et pays de la zone pacifique hors la Chine) et autres TISA, l'Accord sur le commerce des services (Trade in Services Agreement). Voulus par les États-Unis, ceux-ci s'inscrivent dans leur nouvelle lutte contre le géant Chinois élevé au rang de superpuissance.

Peu de citoyens européens connaissent Ignacio Garcia Bercero. Pourtant, cet aimable haut fonctionnaire bruxellois négocie une grande partie de ce qu'on trouvera dans nos assiettes en 2020. Et pas seulement.

Les normes environnementales, celles de notre travail, et jusqu'au type de données personnelles que pourront aspirer les géants de l'Internet, voilà un échantillon de l'immense empire sur lequel règne le négociateur européen chargé de l'accord de libre-échange en discussion entre l'UE et les États-Unis depuis juillet 2013. Sans certains médias et les travaux d'ONG telle AIETC (Accord intercantonal sur l'élimination des entraves techniques au commerce) en France, qui ont mis à mal l'étrange silence qui entoure ce genre de négociations, le TAFTA ou TTIP (Transatlantic Trade and Investment Partnership, son petit nom officiel) aurait échappé au débat public. Jusqu'à peu, seuls quelques membres du Parlement européen pouvaient avoir accès aux documents, le plus souvent disponibles avec un certain décalage par rapport à l'avancée des pourparlers. Droit récemment étendu aux parlementaires nationaux. Encore faut-il qu'ils se déplacent dans une salle de la Commission européenne, qu'ils maîtrisent l'anglais techno et surtout qu'ils disposent d'une bonne mémoire : durant les quarante-cinq minutes de consultation, ils ne pourront prendre ni notes ni photos. Rien. À Paris, on a commencé à mesurer l'impopularité grandissante du TAFTA : 62 % des Français demandent la fin des négociations selon un sondage Harris Interactive de juin 2016. Pas étonnant que la position officielle de la France ait évolué dans ce sens, sans que Bruxelles change cependant quoi que ce soit à sa feuille de route. « On ne peut pas dire à la fois que nous sommes en train de négocier un grand accord, et qu'il faut le signer vite et rester dans l'opacité devant les citoyens », expliquait début mars, devant le Sénat, Matthias Fekl, notre secrétaire d'État chargé du Commerce extérieur, parmi les premiers au gouvernement à s'être manifester contre le traité.

Cette opacité est cependant asymétrique. Parmi le demi-millier de conseillers américains qui participent aux négociations, 90 % d'entre eux sont des représentants du *big business*. À commencer par… Michael Froman, ex-dirigeant de la banque Citigroup. C'est donc un secret de Polichinelle : les multinationales ont accès au texte, elles connaissent les règles et font part de leurs demandes. Les grandes firmes européennes ne font pas non plus de la figuration : en janvier 2012, elles ont par exemple fixé le cadre et les objectifs de l'Europe à travers 135 réunions préparatoires avec la Direction de la concurrence. On y trouve ainsi l'ouverture des marchés publics des États fédérés, comme celui de l'eau, pour le plus grand bonheur des Engie et autres Veolia. Cela peut paraître fou, mais au pays du libéralisme, depuis le New Deal, les circuits courts notamment au niveau infra-fédéral, la préférence pour le local, bref le protectionnisme, existe bel et bien. Et les Américains qui y sont fortement attachés commencent eux aussi à se détourner du TTIP, et du TPP son homologue pour le Pacifique, soutenus par l'administration Obama et l'establishment républicain. Chez les candidats engagés dans la présidentielle, c'est à qui dénoncera le plus fort ce traité : Donald Trump y est farouchement opposé, et Hillary Clinton, qui a toujours été une aficionada des accords de libre-échange, a viré casaque sur le sujet.

Dans *TAFTA, l'accord du plus fort*[1], Thomas Porcher et Frédéric Farah, professeurs d'économie, ont fait une analyse fouillée de l'accord. On peut y lire : « C'est sur la question des normes, en fait de leur "rapprochement", que repose l'essentiel du TTIP. Il ne s'agit pas seulement de s'accorder sur des points techniques, comme la couleur des phares de voiture, mais aussi sur des normes plus complexes, sanitaires et phytosanitaires, lesquelles sont moins protectrices aux États-Unis. L'histoire économique nous enseigne que l'issue de ce processus, davantage qu'une convergence, est l'alignement des normes sur celles du plus fort. Inutile de faire un dessin pour savoir qui de l'UE et des États-Unis est le poids lourd dans cette affaire. »

Phares jaunes comme en Europe, ou blancs comme aux États-Unis ? Ce genre de question sera tranchée. Dans chaque camp, les multinationales de l'automobile s'activent pour l'emporter et faire supporter à l'autre les coûts de l'ajustement. Mais cette confrontation sur les normes techniques n'est que la partie émergée de l'iceberg. Sur nombre de sujets autrement plus importants, environnementaux, sanitaires, il y a une convergence d'intérêts visant à baisser les normes, ce qui conduit le plus souvent à les aligner sur les dispositions américaines. Pour illustrer ce qui se passe avec le TTIP, l'ONG Corporate Europe Observatory (CEO) a analysé six exemples de négociations transatlantiques sur des réglementations dans des domaines aussi variés que la gestion des déchets électroniques,

1. Max Milo, 2014.

les émissions de gaz néfastes à la couche d'ozone ou celle de l'aviation civile. Résultat : à 100 % une réduction de la protection des consommateurs et/ou du citoyen. Et les perspectives sont gigantesques. Sur la question des gaz de schiste interdits d'exploitation en France, Total voit plus certainement en Exxon moins son concurrent qu'un allié pour une législation autorisant cette exploitation, courante aux États-Unis.

La convergence d'intérêts de multinationales concurrentes pour baisser les normes n'a rien d'une nouveauté. Il y a quinze ans, les géants de l'alimentaire, Mondelez (ex-Kraft), Nestlé, Cadbury en ont donné une fort belle illustration sur le chocolat au détriment des consommateurs européens. Ils ont réussi à imposer une nouvelle définition de ce produit, *via* un vote du Parlement européen. Le chocolat, c'est désormais moins de cacao et plus d'huile végétale (comme de l'huile de palme), une matière première de moins bonne qualité, beaucoup, beaucoup moins chère. Et tant pis pour les forêts indonésiennes qui payent le prix de la culture extensive de la palme.

Dans son livre *Le Minotaure planétaire. L'ogre américain, la désunion européenne et le chaos mondial*[1], Yanis Varoufakis évoque l'émergence d'une nouvelle forme d'entreprise globalisée fondée sur un triptyque : produits importés, salariés sous-payés au sein d'entrepôts-points de vente, et enfin une nouvelle idéologie centrée sur le « bon marché », pour ne pas dire le *low cost*.

1. Le Cercle, 2014.

L'ex-ministre grec de l'Économie pense évidemment à Walmart, aux USA, mais la description convient tout aussi bien à Carrefour, Go Sport, et plus généralement aux centres commerciaux, présents à toutes les portes des villes de l'Hexagone, comme l'a merveilleusement décrit Éric Dupin [1]. Dans une interview accordée au site Nakedcapitalism, Yanis Varoufakis assure : « Walmart a déifié le produit bon marché et profité de l'amplification des rétroactions entre la baisse des prix et celle du pouvoir d'achat de la classe ouvrière américaine. Elle a importé les biens du Tiers-monde dans les villes américaines et exporté les emplois vers le Tiers-monde (grâce à la délocalisation). Où que nous regardions, même dans les entreprises américaines les plus technologiquement avancées (comme Apple), nous ne pouvons manquer de reconnaître l'influence du modèle Walmart. »

L'autre cadeau aux multinationales : le tribunal arbitral

L'une des dispositions les plus contestables du traité est la création d'un tribunal arbitral auprès duquel les intérêts privés pourront se retourner contre les États. Rien vraiment de nouveau sous le soleil. La plupart des 3 200 accords d'investissements en vigueur aujourd'hui installent en recours un tel tribunal arbitral. Le plus connu, le Centre international des règlements des différends sur l'investissement, siège à Washington au cœur de la Banque mondiale (BM). Le principe de ce

1. *Voyages en France*, Seuil, 2011.

genre de cour est de s'abstraire de la justice ordinaire. Il n'est donc pas constitué de magistrats, mais d'avocats ou de professeurs de droit, l'un nommé par l'investisseur, un deuxième par l'État, le troisième enfin par la BM. Le tout sans appel. L'analyse des décisions de ce « tribunal » qui règle la moitié des litiges de ce type a été faite par le média en ligne Bastamag.net[1] qui relève « 624 cas connus, à la fin 2014, d'investisseurs qui avaient poursuivi des États sur la base d'un traité. Mais il y en a probablement eu bien davantage. Le nombre de cas ne cesse de croître : en 2000, on en comptait quinze ; nous sommes aujourd'hui à environ 60 cas par an. Le montant réclamé par les investisseurs connaît lui aussi une augmentation fulgurante ». Quelque 70 % de ces plaintes ont été déclarées recevables. Pourquoi se priver ? L'option est gratuite. Si elles gagnent, elles touchent. Si elles perdent, eh bien… rien. Non seulement elles ne seront pas condamnées à indemniser, mais aucune procédure n'est considérée comme abusive. Pêle-mêle, on trouve ainsi la procédure intentée à l'Équateur par l'occidental Petroleum (États-Unis) – montant de l'amende infligée à l'État andin : 1,77 milliard de dollars ; la plainte du cigarettier Philip Morris contre l'Australie et l'Uruguay, coupables d'avoir engagé des politiques de lutte contre le tabagisme, synonyme de perte de revenus pour la compagnie !!! Voilà qui n'a pas échappé aux ONG qui tapent sans relâche sur ce point considéré comme

1. « Plongez dans la guerre invisible que les multinationales livrent aux États », 15 mars 2016.

médiatiquement vendeur. Au point que la France, par la voix de Matthias Fekl, a officiellement poussé à une solution alternative, reprise dans une proposition « en dur » de la Commission. Plutôt que ces « tribunaux d'exception », *dixit* Fekl, serait mis en place un Investment Court System, présenté comme un « système juridictionnel public des investissements composé d'un tribunal de première instance et d'une cour d'appel ». De plus, sa composition diffère sensiblement. Ce ne sont plus des avocats d'affaires, mais 15 juges professionnels avec un mandat de six à douze ans. Cette proposition est calquée sur ce que l'Union européenne vient d'arracher au Canada dans la dernière ligne droite de la rédaction du traité de libre-échange entre les deux zones. Pour la petite histoire, il aura fallu le Brexit pour que la Commission européenne, qui souhaitait ratifier sans passer par la case des Parlements nationaux, renonce à son funeste projet. Reste que, même dans cette configuration, cette cour devra juger selon les règles inscrites dans le traité. Comme le principe du TTIP est de soumettre le droit d'une collectivité à choisir sa façon de vivre, il est donc fort probable que le tribunal jugera légitime de « placer le principe de libre accès au marché au-dessus des préférence culturelles collectives. Dans ces conditions, interdire un produit nourri avec des OGM peut être considéré comme une distorsion de concurrence », notent malicieusement Porcher et Farah.

Un autre danger vient de ce que le texte encapsule un Comité de coopération réglementaire. Cela n'a l'air de rien, mais sous ce terme se cache une technique juridique anglo-saxonne dite du *living agreement*. Une fois signé, le traité demeure vivant, et malgré sa ratification en l'état, peut être amené à évoluer. Dans ces conditions, et si les pressions s'avèrent trop importantes, l'option d'un traité *light* pourrait voir le jour. Loin du regard citoyen, des Parlements nationaux et des chancelleries, il sera loisible au Comité de suivi de le faire grossir petit à petit.

L'argument bullshit *: libre-échange = croissance et emplois*

La Commission européenne connaît son catéchisme libéral selon lequel l'ouverture des marchés, la baisse des tarifs douaniers, le libre-échange induisent de la croissance et de l'emploi. Dans sa valise à arguments, la Commission disposent de quatre études. Toutes sont à l'unisson pour promettre des jours heureux aux Européens : créations d'emplois par millions, hausse de la croissance, et un gain de 545 euros par an et par ménage, en dix ans, pour l'une d'entre elles (Center for Economic and Policy Research). Une petite musique, déjà servie à de nombreuses reprises, aux citoyens européens. Le Département américain du commerce avait servi la même sous Clinton pour faire passer le traité de libre-échange nord-américain de 1994 (ALENA : Canada, États-Unis, Mexique). Le résultat fut l'exact inverse : hausse des inégalités de revenus dans tous les pays concernés, disparition d'un million d'emplois dans les six ans aux États-Unis, et partout une perte de pouvoir de négociation des salariés avec à la clé un impact négatif sur les salaires. C'est la mémoire encore vive des Américains pour ce type de promesses fallacieuses qui a poussé Hillary Clinton à retourner sa veste : « Les accords commerciaux que nous avons conclus ces dernières années […] finissent par faire plus de mal que de bien aux familles américaines dont les salaires ont à peine bougé ces dernières années. »

Pour obtenir ces prévisions dignes de celles de feu le Gosplan, la Commission a tout simplement missionné quatre instituts connus pour leur biais pro-libre-échangisme, dont les modèles macroéconomiques sont paramétrés pour répondre positivement à une libéralisation du commerce… Leur demander si les effets d'un traité de libre-échange sont positifs revient à demander à un enfant s'il aime les bonbons. La ficelle est tellement grosse que Matthias Fekl a lui aussi demandé la production d'autres travaux : « Nous manquons d'études économiques crédibles, fiables et contradictoires. Ceux qui prônent une concurrence libre et non faussée en économie devraient s'appliquer pour le débat intellectuel. » Sans doute le jeune ministre fait-il allusion à l'étude publiée par la TUFTS University (Massachusetts) et intitulée « Le Partenariat transatlantique de commerce et d'investissement : désintégration, chômage et instabilité », qui utilise le modèle économique de l'ONU, différent de ceux utilisés par les quatre instituts mandatés par la Commission. Et les résultats sont complètement inversés. À dix ans, on pourrait observer des pertes nettes d'exportation pour l'Europe, dont - 1,9 % pour la France et - 14 % pour l'Allemagne ; un recul de 0,5 % du PIB pour la France, perte de revenus pour les travailleurs, jusqu'à 5 500 euros par an pour les Français ; et enfin destruction de 600 000 emplois dans la zone, dont 130 000 en France, tandis que 783 000 seraient créés aux États-Unis.

Autre ficelle, moins connue, les hypothèses qui soustendent ces modèles. Contrairement à ce que soutient la Commission européenne en affirmant qu'il n'y aura pas « d'affaiblissement des réglementations », les instituts ont fait tourner leur modèle en partant « d'une hypothèse de réduction de 100 % des barrières douanières et de 25 % des barrières non tarifaires [...] autant dire qu'il va falloir trancher dans le vif sur les normes sanitaires et alimentaires », comme l'ont révélé Thomas Porcher et Frédéric Farah.

La hausse des inégalités, enfant du libre-échangisme

Ce nouvel étage de la libéralisation du commerce est en phase de négociation au moment même où la contre-révolution libérale des années 70-80 qui l'a portée connaît à son tour un certain reflux après quarante ans d'hégémonie sur la politique économique mondiale. Outre la multiplication des crises financières et la hausse des inégalités, le néolibéralisme confronté à la déflation doit assumer en son cœur, les États-Unis, le recul de la productivité, signe manifeste de son essoufflement.

Une récente étude du FMI a enfoncé le clou. Intitulée « Néolibéralisme : survendu ? », elle confirme le revirement académique entamé durant les années 2000, plus sensible de l'autre côté de l'Atlantique qu'en Europe. Piquant, quand on sait que le FMI fut le fer de lance de la politique néolibérale, inspirée par les économistes monétaristes, avec à leur tête Milton Friedman et le fameux « consensus de Washington ». Symbolique cette fois, puisque l'une des principales règles sur laquelle se fonde son corpus théorique, le revenu permanent, est « fausse », comme le dénonçait récemment un éditorialiste de Bloomberg[1].

De ce côté-ci de l'Atlantique c'est peu ou prou comme si de rien n'était. En France, la presse a ignoré superbement les travaux de Branko Milanović. *Le Monde* par exemple n'a consacré que très récemment une interview à cet ancien chef économiste de la Banque mondiale, suite à son passage aux rencontres économiques d'Aix-en-Provence. Son dernier livre[2] qui consacre dix ans de travaux a pourtant jeté un pavé dans la marre en montrant comment trente ans de libre-échange ont bouleversé les inégalités de revenus dans le monde et ont fragilisé les classes populaires des démocraties occidentales. Son graphique dit « de l'éléphant », publié en 2014, consacré graphique de l'année par Paul Krugman, permet d'un seul coup d'œil de contempler les ravages de la mondialisation pour les classes populaires des pays de l'OCDE. Dans une interview accordée à *Marianne* en 2014, il

1. Noah Smith, dans Bloomberg.com/ du 26 juillet 2016.
2. *Global Inequality : A New Approach for the Age of Globalization*, Harvard University Press, 2016.

expliquait : « Le processus de mondialisation des échanges, tel qu'on le connaît aujourd'hui, a pu pleinement se mettre en œuvre après la chute du mur de Berlin. Cela, d'une part, a assuré l'émergence d'un monde capitaliste sur l'ensemble du globe, et, d'autre part, l'entrée de la Chine dans l'OMC, devenue l'atelier du monde. Si l'on prend la planète comme un tout, cela s'est traduit par une forte hausse du revenu pour un grand nombre de travailleurs principalement situés dans des pays comme la Chine. Mes travaux montrent que entre 1988 et 2008 les revenus nets de cette "nouvelle classe moyenne mondiale", composée de centaines de millions de travailleurs, ont fortement progressé, de près de 80 % en termes réels. *Idem* pour une super élite, le fameux "top 1 %", les 1 % les plus riches de la planète, qu'on trouve dans les pays émergents comme dans les pays de l'OCDE. En revanche, deux autres types de population ont souffert. Il y a évidemment les laissés-pour-compte de la mondialisation, les très pauvres dans les pays très pauvres. Mais, ce qui est inattendu, c'est que les perdants sont aussi les populations qui disposaient d'un revenu qui les plaçait auparavant entre les très riches et cette nouvelle classe moyenne mondiale, c'est-à-dire la population des classes moyennes et populaires des pays de l'OCDE. » Comment ne pas voir dans cette paupérisation des classes populaires et moyennes des pays occidentaux l'origine des tensions dans les démocraties occidentales, comme le montre le vote pro-Brexit ? Ou encore la montée du populisme. Aux États-Unis, où les travailleurs qui ont vu leur part de revenu passer de 32 % en 1979 à 21 % aujourd'hui, ont massivement voté pour Donald Trump aux primaires du Parti républicain.

La probable présence de Marine Le Pen au second tour de mai 2017 en France montre aussi combien les fractures françaises sont elles aussi profondes. Cette France périphérique, où se concentre 60 % de la population selon Christophe Guilluy[1], est bien celle qui se trouve loin des centres urbains pleinement intégrés et gagnants de la mondialisation. Pour Milanović encore : « L'alliance de fait entre les "gagnants" – les élites des pays riches et les classes moyennes des pays émergents – les place en situation de rupture avec les classes populaires au sein de leur propre pays. Si vous y ajoutez l'accumulation d'un patrimoine gigantesque pour le top 1 %, et ses stratégies de séparatisme social, cette divergence d'intérêts vis-à-vis de l'ouverture économique, l'autre nom de la mondialisation, est à mon sens un grand danger pour les démocraties. Il peut se résumer au concept des deux P : populisme et ploutocratie. »

Le modèle californien

Ceux qui ont aimé le capitalisme financier vont adorer le capitalisme numérique. Depuis la faillite de Lehman Brothers, le modèle cher à Milton Friedman

1. *La France périphérique. Comment on a sacrifié les classes populaires*, Flammarion, 2014.

est en panne. Le monde vit au jour le jour. Au gré des humeurs des marchés financiers qui ont progressivement pris le pouvoir, non seulement sur les États, mais aussi sur les banques centrales. Pour sauver les banques, celles-ci ont joué sur deux tableaux. Le *quantitative easing*, qui consiste à racheter des dettes publiques et privées et à les stocker dans le bilan des banques centrales. Et la baisse des taux d'intérêt, pour faire remonter la valeur des créances dans les comptes des banques. Ces deux mesures ont, dans un premier temps, sauvé le système. Mais ce ne sont pourtant que des expédients qui n'ont fait qu'aggraver le problème. On ajoute de la dette à la dette.

En huit ans, la dette mondiale a augmenté de 57 000 milliards de dollars, pour atteindre 200 000 milliards, soit près de trois fois le PIB mondial ! Dans les pays développés, la dette publique atteint en moyenne 107 % du PIB. Il y a quarante ans, elle n'était que de 30 %. Les produits dérivés – cancer de la finance et source de spéculation – équivalent à dix fois le PIB mondial : 600 trillions de dollars. Le *shadow banking*, cette finance qui échappe aux régulateurs, représente désormais 38 % de la finance mondiale. La dette publique enfle, mais aussi la dette privée. Les entreprises ont contracté plus de 50 000 milliards de dettes, dont 10 000 viennent à échéance au cours des trois prochaines années. Et que dire de cette dette des étudiants américains qui atteint 1 300 milliards de dollars, sept millions de ces jeunes étant d'ores et déjà insolvables.

Cette inflation de dettes et de liquidités a-t-elle au moins permis de repartir sur de bonnes bases, de relancer l'économie mondiale ? Pas du tout ! Le PIB nominal mondial s'est contracté de 6 % en 2015. Les pays émergents plongent à leur tour. Seule la Chine tire son épingle du jeu, avec des chiffres – 6 % de croissance – qui sont cependant contestés. L'austérité en Europe débouche sur la déflation qui a succédé à la désinflation. Le taux de croissance moyen de la décennie a encore baissé : il n'est plus en zone euro que de 1-1,5 %. Le pouvoir d'achat ? Selon McKinsey, les deux tiers des citoyens de l'OCDE ont désormais un niveau de vie plus bas qu'en 2005. Le chômage ? Il a bien diminué aux États-Unis et au Royaume-Uni. Mais les statistiques sont trompeuses. Une bonne partie des chômeurs ayant renoncé à rechercher un emploi, ils sortent ainsi des chiffres officiels. En Europe continentale, surtout dans le Sud et en France, le chômage est devenu structurel, notamment chez les jeunes. Le phénomène marquant de cette dernière décennie étant la précarisation du travail, la multiplication du temps partiel, l'intérim, l'autoentrepreneuriat.

Les investissements ? Logiquement, la baisse systématique des taux d'intérêt – il y en a eu 673 depuis 2008 ! – aurait dû relancer massivement l'investissement privé. Rien de tel ! En Europe, l'investissement des entreprises stagne autour de 11 % du PIB. Le taux des investissements productifs est, depuis la fin des années 90, moins du quart de ce qu'il était il y a cinquante ans. Comment expliquer ce phénomène ? Par les règles même du capitalisme financier et sa notion du coût du capital. Ce *cost of equity* est le rendement attendu par les analystes financiers, donc les marchés, sur les fonds propres des entreprises. En 2015, il était de 12 % aux États-Unis (contre 18 % en 2014), c'est-à-dire qu'une entreprise n'investira que si elle est assurée d'une rentabilité de 12 %. Non pas à long terme, mais très vite. Dès lors, construire une usine dans les pays occidentaux ; investir dans de la recherche fondamentale forcément aléatoire, est très rarement rentable à court et moyen terme. Mieux vaut, en s'endettant à taux voisin de zéro, racheter des entreprises, des murs, de l'immobilier, ou spéculer sur les marchés des produits dérivés. Là, on peut espérer une bonne rentabilité de son capital. La baisse des taux, qui débouche en Europe sur des taux négatifs, ruine, lentement mais sûrement, les épargnants, fragilise les banques traditionnelles, et fait des marchés les véritables détenteurs du pouvoir. Dans une interview au *Monde*, en mai 2016, Jacques de Larosière, qui fut directeur général du FMI et gouverneur de la Banque de France, ne dit pas autre chose : « Aujourd'hui la BCE est indépendante du pouvoir politique, comme toutes les grandes banques centrales. Mais ces institutions ne sont-elles pas tombées dans une autre forme de dépendance, cette fois aux marchés financiers ? Lorsque l'on constate l'énorme pression exercée par ces derniers en faveur de telle ou telle décision monétaire, on peut légitimement se poser la question. Cela confirme qu'aujourd'hui les mouvements de capitaux font la loi. »

Du capitalisme financier au capitalisme numérique

Pour tenter de sortir de l'impasse, trouver un nouveau souffle, le système mise sur les accords de libre-échange, mais aussi et surtout sur le numérique et les entreprises du « septième continent », incarnées par les GAFA, Google, Apple, Facebook, Amazon, auxquels il faut ajouter Microsoft. Ce sont les nouveaux maîtres du monde, ou du moins ils aspirent à l'être. Le capitalisme numérique, inspiré de ce qu'on appelle le modèle californien, présente les mêmes caractéristiques que le capitalisme financier. L'un de ses thuriféraires en est d'ailleurs le petit-fils de Milton Friedman, Patri Friedman, pour qui « le gouvernement est une industrie inefficace et la démocratie inadaptée[1] ». La technologie n'est plus un outil, un moyen de développer l'économie pour le bien-être de tous, mais une fin en soi. Une philosophie, même. L'économie numérique, née du mariage de l'informatique et des réseaux de télécommunications, est une nouvelle phase dans les processus de production de biens et de services. Mais elle est plus que cela, puisqu'elle touche toutes les activités humaines. En ce sens, c'est bien une révolution. La deuxième révolution industrielle a eu comme vecteur l'électricité et le pétrole. Cette troisième révolution a une matière première : les données. Des données que les progrès technologiques

1. Lire à cet égard le remarquable ouvrage de Marc Dugain et Christophe Labbé, *L'Homme nu, la dictature invisible du numérique*, Robert Laffont/Plon, 2016.

permettent de traiter, de stocker, d'exploiter, de tronquer, voire de truquer.

Les chiffres donnent le tournis. « En 2020, on traitera par an 40 zettabytes (zettaoctets) [(1 zettabyte (zettaoctet) = 1 millier de milliards de milliards de bytes (octets) d'informations], c'est-à-dire plus qu'il n'y a de grains de sable sur toute la planète. On doublera en 2021… et ce n'est que le début. Nous avons la capacité de traiter, de stocker toutes ces données. Les applications sont absolument infinies[1]. » Chaque minute, 300 000 tweets, 15 millions de SMS, 204 millions de mails sont envoyés sur les réseaux. Les GAFA détiennent 80 % des informations personnelles numériques de l'humanité. Sur les treize serveurs qui gèrent les noms de domaine, neuf sont américains. L'économie numérique, loin de pâtir de la crise, en a profité. On peut même dire qu'elle l'a accélérée. Au nom du principe de Schumpeter : il faut détruire l'ancien monde pour reconstruire le nouveau. Le poids des GAFA est devenu tel que le pouvoir politique et financier américain ne peut plus rien leur refuser. Les relations avec la NSA sont désormais connues. Sans la collaboration des entreprises de la Silicon Valley, pas de réseau Echelon, pas d'écoutes régies par les algorithmes. Derrière l'alibi de la lutte contre le terrorisme, la NSA pratique bel et bien l'espionnage économique et politique, pour le plus grand profit des intérêts américains, qui se trouvent être ceux du *big business* et des GAFA.

1. Thierry Breton, P-DG d'Atos, lors d'une rencontre de République Moderne, le 25 mai 2016.

Ce qui reste du pouvoir politique a mis des années à comprendre que la prospérité de ces entreprises numériques était également fondée sur des pratiques systématiques d'optimisation, pour ne pas dire d'évasion fiscale. Aujourd'hui, on essaie, des deux côtés de l'Atlantique, de récupérer un peu de matière fiscale, mais la puissance de ces trusts du XXIe siècle est devenue telle qu'ils ont des moyens de chantage fort efficaces. Les GAFA, comme les grandes banques, sont devenus les piliers de l'économie américaine. Il suffit de regarder les palmarès des capitalisations boursières. Aux deux premiers rangs : Alphabet, maison mère de Google, avec plus de 750 milliards de dollars, et Apple, 670 milliards. On peut y ajouter Amazon (370 milliards), Microsoft (390), Facebook (200), Oracle (180). Le Nasdaq est le lieu de cotation privilégié à New York des entreprises technologiques du monde entier.

Ces géants du Web sont assis sur des montagnes de cash, localisées dans les paradis fiscaux. Cela leur permet de faire une razzia sur toutes les start up qui peuvent les intéresser. Chaque jour, on annonce un nouveau rachat. Tous les secteurs d'activité sont concernés : l'intelligence artificielle bien sûr, les drones, l'éducation, la médecine… À coups de milliards de dollars, ces géants cherchent à conserver leur position monopolistique. À l'image de ce qu'avaient fait les Rockefeller dans le secteur pétrolier au début du XXe siècle. Mais cette fois, le cas de figure est très différent. Car, avec leur monopole sur le traitement des données, ces nouveaux trusts du numérique touchent à tous les domaines de l'activité humaine, à la vie privée, au comportement des individus. En développant une idéologie hyper individualiste, en valorisant le concept de communauté d'utilisateurs hors frontières, ils ont monté les populations contre les États et ceux qui sont censés les incarner, pour mieux asseoir leur domination.

Capitalisme financier et capitalisme numérique vont se faire la courte échelle en matière de moyens de paiement. L'idée, non encore exprimée officiellement, est de donner au système bancaire le monopole de la circulation monétaire. Comment ? En supprimant peu à peu les espèces. « Le 7 avril 2057, les collectionneurs s'arrachent les vieux billets en euro. » Cet épisode du *Journal du futur*, la série estivale d'anticipation de RTL saison 2016, ne nous transporte pas dans un monde où la monnaie unique, disparue, fait le bonheur des numismates. C'est un monde où le billet, le cash, s'est évanoui au profit des moyens de paiement électroniques, voire d'une monnaie digitale lointaine cousine du Bitcoin. « Le mouvement est irrémédiable, et on voit déjà apparaître un nouveau système qui ringardise les banques traditionnelles : la *blockchain*. Désormais, on fait confiance à son collègue et plus aux organismes bancaires. La technologie garantit la confidentialité », tel est le constat fixé en 2016 sur lequel se fonde l'anticipation. Pour l'auditeur, une bonne nouvelle au moins dans ce maelström : la disparition des banques. Grossière erreur. Outre que cette petite pastille est sponsorisée par BNP-Paribas, les banques elles-mêmes sont déjà sur le qui-vive pour organiser cette transition, comme l'a révélé un article du *New York Times*[1]. En réalité, le cash est devenu le nouvel ennemi numéro un de la finance. Mais pas question d'avancer au grand jour.

C'est sous le prétexte toujours efficace de lutte contre le crime organisé, friand de grosses coupures, qu'au début 2016 la Banque centrale européenne, renonçant à retirer de la circulation purement et simplement le billet de 500 euros, a finalement cessé toute nouvelle émission. À l'été 2015, toujours avec le même argument qui fait mouche dans le public, le gouvernement français a réduit le plafond de paiement en liquide à 1 000 euros. Sauf que cette restriction ne s'applique pas aux résidents étrangers (spontanément honnêtes, selon le gouvernement), puisque ceux-ci peuvent encore faire leurs emplettes en cash à hauteur de 15 000 euros. Ce seul grand écart incite à chercher ailleurs que dans la lutte contre la délinquance l'objectif de mise à mort des espèces sonnantes ou de papier. Parmi les économistes les plus investis dans cette grande corrida, s'est imposé Larry Summers. L'ancien ministre de l'Économie de Bill Clinton (l'homme à qui l'on doit la fin du Steagall Act, principal fait générateur de la crise de 2008), champion du lobby bancaire, a mis une banderille[2] remarquée. Celle de Kenneth Rogoff[3], professeur de

1. « Bitcoin technology seen being global », 12 août 2016.
2. « L'Europe a raison de tuer le billet favori des criminels », *Financial Times*, 8 mai 2016.
3. « Costs and benefits to phasing out paper currency », NBER Macroeconomics Annual Conference, avril 2014.

finance au MIT, qui lui dispute le titre, donne cependant la clé du mystère. Dans un papier académique, il explique que le billet, en ce qu'il représente une créance sûre et certaine sans taux d'intérêt, est une menace pour le système financier. Plus encore depuis que les banques centrales des principales zones monétaires de la planète ont été contraintes de pratiquer une politique inédite de taux d'intérêts négatifs. Dès lors, stocker du cash en liquide est plus intéressant que de le déposer à la banque. Pour les particuliers, mais aussi les grands groupes. Munich Re, un des principaux réassureurs de la planète, a officiellement mis en place cette stratégie, bourrant ses coffres de cash et d'or. Disposer de liquidités permet de s'abstraire du pilotage de la monnaie et conduit donc mécaniquement à réduire sensiblement les effets de la politique monétaire. En tout cas à permettre à un certain nombre d'acteurs de s'en abstraire. Tel est l'argument de Rogoff. Très bien, sauf que l'agrégat M1 (composé de l'ensemble de la monnaie en pièces et billets), comme le désignent les comptables nationaux, ne représente qu'epsilon au regard des masses d'argent enregistrées dans les livres des banques. Mais là encore l'argument d'efficience n'épuise pas la question. Parmi les États les plus en pointe sur la disparition du cash : Singapour. La cité-État n'est pas seulement une puissance économique, elle est à la fois le modèle singulier d'une société riche à fort contrôle social et une place *offshore*. Preuve s'il en est que l'argent sale s'accommode très bien de l'absence de cash, comme l'ont bien compris les mafias qui adorent le Bitcoin. « *Vers une société sans cash ?* » : dans un papier de

2003[1], Laurence Scialom, professeur à l'université Paris-Ouest-Nanterre, avait déjà bien vu les enjeux, qui vont nettement au-delà de la simple efficience économique. « Une fois disparu le sigle monétaire, l'anonymat et l'absence de contrainte de sécurisation qu'il garantit, la monnaie ne deviendra-t-elle pas un puissant dispositif de contrôle social ? » La réponse, à l'évidence, est dans la question.

L'ubérisation est une paupérisation

« Ces emplois ne reviendront jamais. » Telle fut la réponse lapidaire de Steve Jobs à Barack Obama, qui lui demandait de rapatrier aux États-Unis des emplois manufacturiers. Depuis, les ténors de la Silicon Valley ne ratent jamais une occasion de répéter ce message. Ces emplois délocalisés dans les pays à bas coût de main-d'œuvre et à faible réglementation environnementale reviendront d'autant moins que demain la plupart n'existeront plus. Les robots auront pris leur place. Pas seulement sur les chaînes de production, mais aussi dans les laboratoires. Le robot de demain ne se contentera pas d'effectuer une tâche répétitive même complexe, il s'adaptera. Mieux même, il participera à l'amélioration de ses performances. Non seulement il n'y aura plus d'ouvriers, de techniciens, mais il n'y aura même plus d'ingénieurs, voire de concepteurs. Le rêve des docteurs Folamour de la Silicon Valley risque de devenir réalité. La technologie

1. *Anthropolis*, vol. 1, n° 2.

se nourrit de la technologie. Elle est dans les mains de ces nouveaux maîtres du monde qui ont engagé une course de vitesse pour devenir incontournables et rendre inéluctable l'avènement de ce capitalisme numérique. Quels que soient les dégâts humains et sociaux. Sans se préoccuper d'éthique. Sans se poser de questions existentielles. Et si besoin est, ils feront appel au sentiment patriotique, les seuls capables de contester leur monopole étant les géants chinois du secteur (Baidu, Tencent, Alibaba…) et les Russes. La Chine et la Russie ne sont-elles pas les deux nouveaux ennemis du camp du Bien que prétend incarner la démocratie américaine ?

S'il est impossible de chiffrer avec précision les pertes d'emploi que cette troisième phase d'automatisation de la production va engendrer, son impact sur l'emploi n'en sera pas moins ravageur. De différentes études américaines, on peut estimer que, d'ici à vingt ans, les algorithmes et la nouvelle robotique auront détruit environ 50 % des emplois actuels. « Rien d'étonnant, nous explique-t-on, ce sont les emplois du passé qui disparaissent. Ils vont être remplacés par de nouveaux emplois, une nouvelle approche du travail. » Cela fait des années, pour ne pas dire des décennies, que l'on nous tient ce discours. Ces emplois nouveaux, ce sont essentiellement ceux générés par les nouvelles plateformes de distribution, qui suppriment tous les intermédiaires entre acheteurs et vendeurs. Les noms des nouveaux acteurs sont universellement connus : Netflix, Airbnb, Uber… Ils cherchent à acquérir, comme leurs aînés des GAFA, des positions monopolistiques. Leur modèle est pratiquement identique. Très peu de frais fixes, le moins possible de salariés, une optimisation fiscale totale, une capitalisation boursière surévaluée. Et bien sûr, des algorithmes très performants. S'ajoute à cela une communication fort habile.

Ce que l'on a appelé l'ubérisation du monde est en fait la mise en concurrence totale de chacun par tous, et de tous par chacun. Un combat qui peut paraître populaire, parce que ainsi on s'attaque à des petits monopoles, des professions réglementées, des secteurs protégés, des rentes de situation. Le numérique casse toutes les règles du jeu. Au même titre que le libre-échange absolu. Il ne faut pas être dupe. En filigrane, c'est tout un modèle juridique, économique, social, qui s'impose. Les notaires, c'est bien connu, n'ont pas bonne presse en France. Pourtant, ce sont des officiers ministériels. Comme tels, ils garantissent la conformité des actes signés entre particuliers. Notamment pour les biens immobiliers. Cela n'a l'air de rien, mais c'est beaucoup, lorsqu'on compare le système français à ce qui se passe dans d'autres pays où les mauvaises surprises ne sont pas rares. Les frais prélevés par les notaires, à ne pas confondre avec les droits d'enregistrement de l'État, sont très faibles (1 %) par rapport au travail fourni et surtout à la garantie accordée par le notaire. On voudrait aujourd'hui faire sauter ce système pour le remplacer par de simples contrats entre parties, rédigés par des avocats. Le modèle anglo-saxon. Il n'y a plus de garanties. En cas de litige, il faudra engager des procès coûteux… en avocats.

En fait, cette ubérisation va se doubler d'une très grande instabilité juridique. La caractéristique de ce capitalisme numérique, c'est l'instabilité permanente. C'est le pendant de ces accords de libre-échange où les États, les collectivités seront à la merci des tribunaux d'arbitrage et de procédures interminables lancées contre eux par les multinationales. L'objectif de ces plateformes est, bien sûr, de casser les prix. Ce qui ne peut que séduire dans un premier temps le consommateur. Selon le Boston Consulting Group, l'automatisation, la numérisation de la société entraînera, d'ici à 2025, une baisse de 16 % du coût total de la main-d'œuvre. C'est exactement le même processus que l'on a connu avec les délocalisations massives en Chine et ailleurs. Seul problème, c'est qu'on oublie toujours que le consommateur est aussi un producteur. Il achète moins cher certains biens, mais son pouvoir d'achat diminue régulièrement. Pis, il a de plus en plus de mal à trouver ou à retrouver un emploi.

Qu'à cela ne tienne. Les idéologues du numérique ont une réponse : l'économie collaborative, l'autoentrepreneuriat, le partage. L'autoentrepreneuriat est au XXIe siècle ce que l'artisanat, les indépendants étaient au XXe. Ce ne sont pas cependant les mêmes revenus. L'autoentrepreneuriat est un palliatif, un substitut. S'il s'est développé sur les deux rives de l'Atlantique, c'est tout simplement parce que les plus dynamiques des chômeurs n'ont trouvé que ce moyen pour exercer un minimum d'activité. Au rabais. Reste que l'autoentrepreneuriat est la mort des systèmes de protection sociale bâtis durant les Trente Glorieuses. Il n'y a plus de cotisations employeur. On revient aux beaux jours de ce capitalisme de la seconde moitié du XIXe siècle. Un capitalisme déjà globalisé, dont les excès avaient engendré le communisme et débouché sur la guerre de 1914. Aujourd'hui, la globalisation à outrance, la numérisation, et leurs excès, sont le terreau du populisme, des extrémismes.

Comme les revenus des classes moyennes diminuent, on leur propose, grâce aux plateformes, non seulement de payer un peu moins cher, mais de rentabiliser les quelques actifs qu'ils ont encore. On met en location son appartement par Airbnb, sa voiture, son bateau. On partage une location, un trajet, on propose des repas chez soi. Tout cela, évidemment, en essayant de ne pas payer d'impôts. Au passage, les plateformes engendrent toujours plus de profits délocalisés avec le minimum de salariés. Et des secteurs entiers d'activité sont déstabilisés. Certes, il serait absurde de nier les services rendus par ces plateformes. Mais on ne peut pas accepter qu'elles ne respectent aucune règle et pratiquent une concurrence déloyale, en contournant toutes les législations. Certains, qui se croient jeunes, s'imaginent qu'il suffit de prendre le train « en marche », de coller au mouvement californien, de vanter la réforme pour la réforme. Ils devraient pourtant se souvenir qu'un système économique ne peut perdurer que si une part des gains de productivité est redistribuée sous forme de salaires. Or, avec le numérique, les automates, ces gains sont de moins en moins redistribués vers ceux qui travaillent. Ils sont confisqués pour l'essentiel par les nouveaux trusts et leurs actionnaires.

Comment éviter que les populations paupérisées ne se révoltent ? Comment faire en sorte qu'elles continuent d'acheter les produits proposés par les géants du Web, alors que la masse de travail disponible diminue ? Une vieille idée ressurgit : l'allocation universelle. Une sorte de RSA-Smic, distribué tout au long de la vie. D'autres prônent un revenu contributif, qui ouvre à l'individu le droit « à un temps dédié au développement de ses savoirs » ! Traduisez : l'individu alternera des périodes où il sera employé et rémunéré. Avec des moments où il sera chômeur mais se formera. Une sorte de régime des intermittents du spectacle appliqué à l'ensemble de la population. À ceci près que le financement en est impossible. Sauf à réduire drastiquement et les revenus du travail et les allocations en période de non-emploi, et, bien sûr, les cotisations sociales. S'il le faut, les géants du Web sont prêts à faire quelques concessions. Et à nous payer – le moins cher possible – les données sur nous-mêmes qu'ils accumulent chaque jour gratuitement. Une sorte de consentement tacite à une nouvelle forme d'esclavage.

Du capitalisme numérique à la surveillance généralisée

Non contentes d'être devenues des puissances financières sans équivalent dans l'Histoire, les GAFA ont ainsi résolu de transformer le capitalisme mondial pour le rendre encore plus fluide, plus rapide, plus individualiste. Au risque, bien sûr, d'accentuer ses tendances à l'extrême concentration des richesses. Déjà, une oligarchie mondiale s'est constituée, qui ne se sent pas tenue par les règles et législations auxquelles doit se plier le commun des mortels. Mais ce n'est pas tout. Subrepticement, en lien avec les pouvoirs publics et les services de renseignements américains, se constitue un système de surveillance généralisée dont les totalitarismes du XXe siècle n'ont guère pu que rêver. Un système de flicage universel auquel, paradoxalement, nous nous prêtons tous de bon gré, par le biais de nos mails, statuts Facebook et autres smartphones équipés de GPS et de caméras intégrées.

Une poignée d'entreprises planétaires dispose ainsi des moyens de nous écouter, pister, filmer, de connaître nos goûts, nos préférences sportives, culturelles ou même sexuelles. Bref d'alimenter un fichage à faire pâlir d'envie Big Brother lui-même. Bien sûr, nos oligarques du numérique nous garantissent que ces données sont bien gardées, et qu'elles ne seront jamais partagées avec des personnes ou des institutions malveillantes. Pourtant, déjà, un certain nombre de ces données personnelles concernant nos goûts ou préférences sont revendues à des acteurs commerciaux, qui peuvent ainsi plus facilement cibler leurs actions de marketing et de publicité. Gmail, le système de courrier électronique de Google, analyse ainsi tous les mots-clés des emails, afin de réaliser un ciblage publicitaire optimal des utilisateurs. Facebook fait de même avec les innombrables données personnelles, sans compter les photos et les vidéos, postées sur son site. Autant de services gratuits pour les utilisateurs que certains ont résumé simplement : « Si c'est gratuit, c'est toi le produit. » Ce fichage, pour l'heure, se présente comme ayant une vocation strictement commerciale. Mais qui sait si, sous la pression des menaces terroristes qui vont en s'amplifiant, les GAFA ne seront pas conduites à partager encore davantage ces informations avec les pouvoirs publics, à des fins de fichage, voire de flicage ? Rappelons qu'en France les récentes lois sur le renseignement, prises après les attentats de 2015, valident le principe de la surveillance massive des communications électroniques, avec l'aide des opérateurs de téléphonie et des fournisseurs d'accès Internet. De quoi être inquiet, surtout lorsque l'on sait que les GAFA détiennent 80 % des données personnelles de l'humanité, et que 90 % des smartphones fonctionnent sous le système d'exploitation de Google, Androïd, ou sous celui d'Apple.

Là encore, nos GAFA jouent les vierges effarouchées. Pas question de rendre ces données accessibles à un tiers, fût-il le gouvernement, claironnent-elles. Pourtant, en 2015, Google a par exemple reconnu avoir livré aux autorités l'accès aux comptes Gmail de trois membres de Wikileaks. Wikileaks avait notamment révélé l'ampleur de l'espionnage dont avaient fait l'objet les présidents français par la NSA, espionnage portant sur leurs communications téléphoniques et électroniques. Des révélations semblables avaient également été faites concernant Angela Merkel. Au printemps 2016, Tim Cook, le patron d'Apple, a déclaré avoir refusé de livrer les clés de chiffrement du téléphone du terroriste de San Bernardino, que la police et la justice américaine lui avaient réclamé. Mais pour beaucoup d'experts du secteur, cette passe d'armes relevait en grande partie du jeu de rôles : ainsi, selon Edward Snowden, qui a révélé l'ampleur des écoutes réalisées par la NSA, les autorités américaines n'ont en fait nul besoin de demander la permission d'Apple pour déverrouiller un iPhone.

Mais les GAFA et autres oligarques de la Silicon Valley ont d'autres plans encore plus grandioses, dignes des meilleurs ouvrages de science-fiction de Philip K. Dick. « Quand on considère l'avenir, avec ses promesses et ses défis, on voit s'annoncer *Le Meilleur des mondes* », a ainsi déclaré, sans la moindre once d'ironie, Eric Schmidt, le patron d'Alphabet, la maison mère de Google[1]. Robotisation, intelligence artificielle, humanité augmentée : larguant les amarres du sens de la mesure chère aux Grecs anciens, ces dirigeants, ivres de leur puissance et de leur *hubris*, veulent ni plus ni moins *modifier la nature humaine.*

À l'image de Google, qui a ainsi installé en juin dernier à Zurich un nouveau labo de 1 800 personnes consacré à l'intelligence artificielle (IA). Il sera consacré notamment au *deep learning*, une nouvelle technologie qui a révolutionné l'IA. Objectif : améliorer les capacités langagières, mais aussi la compréhension et même la perception des machines. Le but ultime : donner aux robots les mêmes compétences et capacités que celles dont disposent les humains… mais améliorées. Une ambition contre laquelle le physicien britannique Stephen Hawking ainsi que d'autres sommités

1. Cité dans Marc Dugain et Christophe Labbé, *L'Homme nu, la dictature invisible du numérique, op. cit.*

scientifiques se sont élevés, dans une lettre ouverte publiée par le Future of Life Institute, un organisme américain à but non lucratif: « Les formes primitives d'intelligence artificielle que nous avons déjà se sont montrées très utiles. Mais le développement d'une intelligence artificielle complète pourrait mettre fin à la race humaine. »

Une perspective qui peut sembler par trop pessimiste, ou tout au moins extrêmement lointaine. Il n'en reste pas moins que l'objectif de nos nouveaux maîtres du monde est bien, sinon d'éradiquer la race humaine, au moins de l'améliorer. Une ambition qui n'est pas sans rappeler celle des eugénistes des siècles passés. Le transhumanisme a bien pour ambition de créer un homme augmenté, par hybridation avec la machine. « Ceux qui décideront de rester humains et refuseront de s'améliorer auront un sérieux handicap, écrit très sérieusement Kevin Warwick, professeur de cybernétique à l'université de Reading (Grande-Bretagne). Ils constitueront une sous-espèce et formeront les chimpanzés du futur. »

Ce transhumanisme-là – tel qu'il est notamment professé par Google, *via* sa société ultrasecrète Calico – entend même en bout de chaîne… en finir avec la mort, grâce aux progrès de la technomédecine ou de l'ingénierie génétique. Il serait par exemple possible de créer, par le biais de la bio-ingénierie, des cellules immunisées capables d'identifier le cancer, ou encore d'imprimer en 3D de la peau humaine pour soigner les victimes de brûlures. « La grande tâche inachevée du monde moderne est de transformer la mort d'une réalité de l'existence en problème à résoudre – un problème à la solution duquel j'espère contribuer de toutes les façons possibles », assène ainsi le milliardaire californien Peter Thiel, cofondateur de PayPal[1].

Cette ambition d'en finir avec l'espèce humaine, coupable d'inachèvement et de fragilité, relève-t-elle de la science-fiction ? Pas si sûr. Dans la Silicon Valley, en tout cas, on y croit dur comme fer, et l'on dépense des dizaines de milliards de dollars pour y parvenir. Sans doute les dirigeants de la Silicon Valley devraient-ils abandonner quelques instants leurs équations pour se pencher sur la sagesse universelle qui, des philosophies orientales aux Grecs en passant par les religions abrahamiques, avertissent systématiquement sur les risques liés à l'*hubris*, la démesure. Les conséquences de cette déraison sont toujours catastrophiques.

Mais cette fois, c'est l'humanité tout entière que nos Icare modernes veulent embarquer dans leur délire en forme de miroir aux alouettes. Pour beaucoup d'entre eux, la démocratie n'est qu'une forme politique inaboutie, marquée par la lenteur, l'impuissance et les compromis inutiles. La délibération a vocation à être remplacée par les algorithmes, plus sûrs, plus exacts. Autant de raisons pour lesquelles il est grand temps de rompre avec l'optimisme un peu naïf du philosophe Michel Serres : « Google est une puissance unique dans l'histoire, peut-être plus forte que Rome ou l'Empire

1. Cité dans Sonia Arrison, *100 plus : How the Coming Age of Longevity Will Change Everything, From Careers and Relationships to Family and Faith*, Basic Books, 2013.

britannique, mais dans le même temps, grâce au numérique, un individu seul, que j'appelle "Petite Poucette", peut avoir accès à tous les autres et contrebalancer cet énorme pouvoir. C'est ainsi que Snowden a pu démasquer la NSA[1]. » Cette fausse symétrie masque en fait une dissymétrie considérable de moyens, de pouvoir et de capacité d'influence rarement vue dans l'Histoire. L'une des grandes batailles des années à venir sera de prendre conscience de ce risque vertigineux et de s'opposer avec vigueur aux ambitions démiurgiques de nos nouveaux technomaîtres.

La France, petite-fille modèle du néolibéralisme globalisé

« On est forcément déficitaire quand on n'a pas une industrie capable de supporter la concurrence en qualité, et quand on n'a pas une industrie organisée de telle sorte qu'elle supporte la concurrence en prix. » L'homme qui, en ce jour de 1983, fait cette analyse si juste, n'est pas n'importe qui. Il s'agit du président de la République, François Mitterrand. Dans le cadre un brin formel du Centre mondial de l'informatique, l'hôte de l'Élysée rappelle le caractère central de la politique industrielle, la nécessité vitale, aussi bien économique que sociale – alors que la France dépasse le cap des 2 millions de chômeurs – de conserver un appareil

1. Interview au *Journal du dimanche*, 9 février 2014.

industriel puissant, soutenu et orienté par le bras séculier de l'État.

Quelques semaines plus tard, pourtant, c'est le tournant de la rigueur, qui acte la priorité donnée par le pouvoir socialiste à la construction européenne, fût-ce aux dépens de l'industrie, du social, et des classes populaires qui avaient massivement placé leurs espoirs dans celui qui proclamait qu'il était temps de « changer la vie ». Dès 1983, la France s'impose ainsi l'objectif de ne pas dépasser 3 % de déficit budgétaire annuel, le même chiffre magique qui servira plus tard de mantra aux idéologues de Bruxelles, pour rendre caduque toute possibilité de relance budgétaire. La « sainte trinité de la rigueur », suivant une expression utilisée à l'époque au sujet de Pierre Mauroy, Jacques Delors, et, après hésitation, de Laurent Fabius, va remporter la bataille politique et idéologique contre les « visiteurs du soir » de François Mitterand, qui souhaitent la sortie du franc du Système monétaire européen, afin de conserver les mains libres. Une victoire idéologique qui va se diffuser rapidement à toute la sphère des élites françaises – en particulier la prestigieuse Inspection des finances, qui forme l'élite des énarques –, de l'Administration, de l'expertise et des médias. « Que faire dans cet univers déprimant, sinon se mettre à l'heure mondiale, celle des vaches maigres, écrit ainsi Franz-Olivier Giesbert dans *Le Nouvel Observateur*, en 1983. Il y a encore des adversaires de la rigueur au sein de la majorité, mais les experts sont d'accord sur le diagnostic : la France vit au-dessus de ses moyens. » À force d'être archidominant, ce corpus idéologique va même finir par être confondu par nos dirigeants avec la réalité.

Ce tournant de la rigueur est l'acte fondateur ouvrant la période historique qui continue de s'étirer indéfiniment jusqu'à nous, coup de poignard dans les illusions des classes populaires et de la gauche. Durant plus de trente ans, nos gouvernants continueront à suivre la philosophie élaborée à l'époque, dictée par le développement de la globalisation commerciale et financière, sur fond de triomphe planétaire du néolibéralisme, encore accentué par la chute du mur de Berlin en 1989. Privatisations, baisse des impôts sur les entreprises, dérégulation des flux financiers et commerciaux, gestion des entreprises pour le profit à court terme des actionnaires, vont tenir lieu de feuille de route pour nos gouvernants durant des décennies. Quant à l'Europe ordolibérale, sous domination allemande, loin de se montrer protectrice, elle ne fera que renforcer les tendances aux dumpings sociaux, fiscaux et environnementaux propres à cette globalisation organisée sous le signe de la lutte sans merci de tous contre tous.

Mais il y a davantage. Car si l'on peut comprendre une adaptation dictée par la contrainte extérieure, le zèle mis par nos élites à se couler dans le monde de ce nouveau pouvoir globalisé apparaît beaucoup moins défendable. En trois décennies, toute la puissance industrielle qui était le poumon de l'économie hexagonale aura été éradiquée, sacrifiée à une financiarisation à tous crins qui n'aura été en définitive qu'un miroir aux alouettes pour notre économie.

Avec la foi des nouveaux convertis, nos élites ont été les premières à promouvoir cette globalisation néolibérale, squattant les hauts postes des grandes institutions financières internationales (OMC, FMI…), pratiquant allégrement pantouflage grassement payé dans les banques et les grandes entreprises, et rétropantouflage dans les postes d'influence et de prestige de la sphère publique. Pourtant, mis à part leurs carrières, qui se sont déroulées sans accroc, rien ne s'est passé comme ils l'avaient prédit avec tant de morgue et de présomption. Jusqu'à la catastrophe économique que connaît aujourd'hui notre pays.

La globalisation a fait exploser le modèle français

La globalisation, qu'ils avaient promue, s'est transformée en machine infernale pour la France : le libre-échange a fait disparaître les emplois industriels par centaines de milliers, et entraîné ainsi la paupérisation rampante des classes moyennes et populaires hexagonales, qui vivaient de ces emplois. Les dogmes européens de la concurrence libre et non faussée et le carcan de l'euro ont, quant à eux, rendus caduque la politique industrielle, qui aurait au moins permis à notre pays de se défendre à armes égales dans cet environnement déflationniste.

Quant à la financiarisation, elle s'est révélée en grande partie une illusion, les grands établissements financiers préférant toujours, malgré le *big bang* de la place de Paris en 1984, s'implanter dans les grandes places anglo-saxonnes, à New York, et surtout à

Londres. Cette dernière est au cœur de l'économie mondialisée, et dispose également d'un accès privilégié au marché unique de l'Union européenne. La place de Londres est surtout un immense casino aux triples vocations spéculative, grâce à la très faible régulation du secteur financier, fiscale, grâce à son rôle pivot de place off shore en lien étroit avec les îles britanniques (Jersey, Guernesey...), et de blanchiment de l'argent sale, facilité notamment par le recours à l'instrument patrimonial du trust, qui garantit une opacité quasi totale à ses détenteurs.

Surtout, cette financiarisation, *via* le recours aux marchés pour s'endetter à faible taux, a permis à notre pays de s'illusionner trop longtemps sur la gravité du mal qui frappait son économie, et plus particulièrement son industrie. Grâce au gonflement de la dette, nos gouvernants ont pu employer ces classes moyennes à grands renforts d'emplois publics, et trouver une occupation à nos jeunes, *via* d'innombrables formations et emplois aidés.

Puis la crise est arrivée : faute, là encore, d'être capable de tenir tête à l'Allemagne, la France a dû valider les multiples plans d'austérité imposés au Vieux Continent par Angela Merkel et Wolfgang Schaüble, son intraitable ministre des Finances. L'impossibilité de s'endetter davantage, sur fond de marasme européen généralisé, a fini par révéler la gravité du mal français, d'autant que François Hollande, qui prétendait « réorienter l'Europe », n'a fait somme toute que rajouter une couche d'austérité supplémentaire – *via* les hausses d'impôt – aux difficultés endémiques que rencontrait déjà notre pays. Et seule une conjoncture internationale extrêmement favorable, marquée par la baisse des prix du pétrole, la baisse de l'euro et des taux d'intérêt au plancher, a permis d'éviter à François Hollande d'affronter une authentique récession.

Pourtant, malgré la volonté de Hollande de sauver le système, et surtout de se sauver, la gravité du mal français, accentué par l'impossibilité de jouer sur le levier monétaire, a fini par apparaître au grand jour : une agriculture qui a renoncé à la qualité pour se lancer dans une course au bas de gamme perdue d'avance, un tissu industriel en capilotade, un secteur financier qui ne fait pas le poids face à ses grands concurrents. Une économie qui, finalement, ne tient plus guère que grâce au tourisme, au risque, déjà prophétisé par Michel Houellebecq dans *La Carte et le Territoire*, de transformer notre pays en vaste parc d'attractions pour l'oligarchie mondialisée. La perspective ainsi offerte à notre jeunesse de choisir entre la possibilité de porter les courses des ultrariches ou de mixer les cocktails des heureux du monde pouvait déjà paraître peu réjouissante. Mais depuis la répétition des attentats, même ce recours-là paraît désormais illusoire.

La démocratie, nouvel habit de la tyrannie

La tyrannie par le haut ou le conformisme des institutions

C'est un exercice délicat d'affirmer aujourd'hui que nous ne vivons plus vraiment en démocratie et que nous baignons tranquillement dans le soft totalitarisme. Le poids du passé s'oppose d'abord à de tels propos. Les régimes totalitaires ensanglantèrent le siècle passé et l'on nourrit toujours quelques scrupules à emprunter cette terminologie pour qualifier une réalité contemporaine. À beaucoup d'égards, nous semblons privilégiés par rapport à ceux qui traversèrent les épreuves de la première moitié du XXe siècle.

Néanmoins, il faut bien se résoudre à « voir ce que l'on voit » si l'on veut rester fidèle aux enseignements de Péguy et d'Orwell, maîtres en lucidité. Une oligarchie s'occupe désormais de gérer les affaires du monde. Dans notre pays, droite et gauche confondues se plient à l'exercice du simulacre démocratique. Les nations, les peuples sentent bien le phénomène, mais les apparences furent longtemps préservées et les moyens d'action semblent limités. Raymond Aron écrivait qu'un régime totalitaire se caractérise par plusieurs critères : un parti unique, une idéologie, le monopole des moyens de coercition et de persuasion (les médias), la subordination de l'économie à la politique, et le règne de la terreur. À prendre connaissance d'une telle liste, on comprend, bien sûr, que le parallèle doit être manié avec précaution. Certains diront même qu'il est complètement impossible. Nous ne vivons pas dans un État policier. C'est même l'une des caractéristiques majeures de l'Europe depuis plusieurs décennies. Nous avons clairement minimisé la part de la violence physique dans le contrôle social. L'essentiel est ailleurs, dans ce que l'intellectuel et journaliste Walter Lippmann appelait « la fabrique du consentement ». Les gouvernements fondateurs de l'Union européenne assimilèrent parfaitement le fait que la rentabilité politique de la brutalité exercée sur les corps est quasiment nulle. Le sommet de l'efficacité ne consiste pas à interdire quelque chose mais à organiser les conditions pour que cette chose n'existe pas. Ce principe s'applique à la perfection aux idées et au façonnement des personnalités, des pensées et des comportements. Casser la puissance d'un concept consiste à le rendre illégitime. Peut-être faut-il voir dans cette menace l'explication du zèle déployé par les élites à défendre les institutions européennes. L'oligarchisme contemporain se nourrit de cette dynamique. Nos élites, dans leur écrasante majorité, communient dans ce modèle où l'on décide de l'avenir quel que soit l'avis du peuple démocratiquement formulé. Une construction idéologique qui crée, de fait, un parti de la pensée unique qui n'a nul besoin de la contrainte pour diriger la société. Il n'a même plus besoin de constituer une organisation spécifique, tous les partis de gouvernement diffusant finalement les mêmes messages. Et ce pour des raisons structurelles qui tiennent à la conception de notre système de formation et de promotion (de cooptation, devrait-on dire). Pour le dire simplement, nos dirigeants (politiques, économiques et culturels) passent d'abord par les grandes écoles (principalement l'ENA, l'X, les Mines, Sciences-Po, HEC ou l'ESSEC) au sein desquelles l'ENA et Science-Po (à la mode Richard Descoings, son ancien directeur) jouent désormais un rôle déterminant. Certes, ce furent d'excellentes filières et l'on y forme aujourd'hui encore de brillants esprits. Mais on y apprend également l'esprit de corps, disons même de caste, ainsi que le conformisme et le confort intellectuels (le premier mène au second). Ces écoles sélectionnent sur des profils bien particuliers. Elles choisissent des cerveaux disposant certes de capacités élémentaires d'analyse et de synthèse, mais ces compétences de base n'ont pas vocation à s'exercer en soi. Elles servent un objectif de façonnement des perceptions et des constructions mentales. Dans ce milieu, l'originalité d'une approche ne relève pas d'une saine exigence de résolution des problèmes : elle est d'abord vécue comme une entorse à la règle commune, aux pratiques établies des corps, des catégories et des corporatismes. La créativité et la singularité ne sont pas des vertus dans la haute administration. Éviter de sortir des sentiers battus constitue plutôt un atout pour accélérer sa progression dans la carrière...

D'emblée, l'ENA prépare à la normalisation de la réflexion. Il s'agit, dès les premiers mois à l'école, de comprendre les vertus du raisonnement gestionnaire – le comment plutôt que le pourquoi –, lequel commande de reproduire l'existant et non d'innover. Une sorte de culture commune du consensus technocratique unit une majorité d'énarques. C'est une étrange fusion entre le pire de la bureaucratie et le pire du libéralisme. Il convient bien sûr de croire à l'Union européenne des commissaires, de répéter que notre pays a besoin d'administrations ouvertes sur la société civile et de faire la promotion verbale d'un État comprenant les attentes des entreprises. Le mot république doit être employé régulièrement et celui de nation avec un infini discernement... On voit bien que le discours est travaillé : mais la réalité opérationnelle fait rapidement déchanter. Car il n'y a guère de profondeur dans ces mots et aucun projet politique derrière, et surtout pas de réflexion stratégique. Ceux qui se dispersent sur l'ensemble de l'échiquier politique (et à la tête des grandes entreprises) nous viennent généralement des grands corps de l'Administration que sont l'Inspection générale des finances, la Cour des comptes ou le Conseil d'État, les Mines ou les Ponts. On leur répète depuis l'adolescence qu'il n'existe point de salut en dehors des grandes écoles et qu'ils sont des élus destinés à conduire la collectivité et son économie, cela pour la simple raison qu'ils ont réussi un concours à vingt ans et qu'ils sortiront bien classés de l'ENA. Une fois en poste, ils ne tardent pas à vérifier ce que l'on n'a pas cessé de leur enseigner, à savoir que l'on doit éviter autant que possible l'esprit critique et les opinions solitaires.

Quant au travail de groupe, il n'est guère plus favorisé. Difficile de promouvoir l'intelligence collective lorsqu'un système installe l'idée que le chef a toujours raison. Mécanique d'autant plus perverse qu'elle ne garantit pas que l'option retenue sera suivie d'effets, exécutée loyalement et avec détermination. C'est même tout l'inverse qui se produit. Puisque aucun débat crédible ne s'engage au moment de la fabrication de la décision, personne ne s'investit ensuite pour l'accompagner. Celui qui l'impose ne la soutiendra pas davantage. D'abord parce que le jeu des mutations envoie s'occuper de questions financières ou immobilières un haut fonctionnaire qui s'était occupé de thématiques de sécurité ou de défense les deux ou trois années précédentes. Il se désintéresse donc rapidement d'un dossier pour un autre, ne le creuse pas profondément et ne s'y sent presque jamais fortement investi. Il devient rarement spécialiste d'un sujet et on ne le lui demande d'ailleurs pas. Ses différentes promotions n'en dépendent pas. Sa première qualité consiste d'abord à poser le minimum de problèmes au gouvernement en place.

L'efficacité commanderait une démarche totalement inverse. Durant la réflexion préalable à l'élaboration d'une décision, la parole doit être la plus libre possible, et une multitude d'options envisagées, sans que personne imagine que cela va provoquer sa disgrâce – voire son éviction par tous les moyens – en contrariant sa hiérarchie... Or, dans notre pays, les décisions élaborées dans l'atmosphère tendue des cabinets ou des administrations centrales sont souvent prises à la hussarde mais exécutées avec modération. Il découle de tout cela qu'il n'est pas « rentable », au sein de l'arène politique et dans celle de la haute administration, de traiter les racines des problèmes qui se posent à la France. Il est plus important d'éviter les crises médiatiques et de ne pas provoquer l'hostilité d'un groupe d'intérêt disposant de fortes capacités de nuisance. Rien ne démontre mieux l'ensemble de ce mécanisme que le rapport contemporain de nos élites à l'économie, très largement acquise au catéchisme néolibéral avec ses psaumes sur la « destruction créatrice » du révéré Schumpeter, la mondialisation heureuse, les vertus de libre-échange... Derrière ce *storytelling* économique se trouve l'abandon de toute souveraineté nationale, ou, pour le formuler autrement, de toute indépendance politique. On ne saurait mieux dire ici qu'Ulrich Beck[1], du côté du diagnostic tout au moins : « Puisque tout pouvoir est tributaire de l'assentiment qu'il rencontre, la concentration du pouvoir entre les mains de l'économie mondiale est précaire du point de vue de la légitimité. »

On trouve là les sources du succès électoral du Front national. Lors du second tour des régionales de décembre 2015, on s'est félicité que les candidatures de la famille Le Pen aient échoué, sans comprendre

1. *Une nouvelle théorie de la mondialisation*, coll. « Alto », Aubier, 2003.

que la lame de fond du FN pulvérisait la structure et la signification de l'espace politique français du début du XXIe siècle. Alors que le pays se fracture et se réorganise en profondeur, c'est-à-dire dans sa culture politique fondamentale, les commentateurs habituels installent le circonstanciel en victoire idéologique. C'est une erreur stratégique grave de prétendre que la technique du front républicain a fonctionné. Tout un chacun peut constater que le « Rassemblement bleu Marine » progresse méthodiquement. Le tripartisme gagne du terrain dans les faits et dans les têtes. Le vote FN n'est plus tabou. Les élections constituent en réalité un échec pour le clivage droite/gauche classique. À chaque nouvelle échéance électorale, il devient encore plus clair que les citoyens ne font plus la différence entre les deux camps. Seule s'affirme la montée en puissance du Front national parce qu'il symbolise le rejet en bloc de tout le système actuel. Les observateurs qui se livrent à des diagnostics rassurants sur le plafond de verre du FN manquent quelque chose d'essentiel : l'exaspération d'un corps électoral qui ne raisonne plus mais éprouve une telle détestation de la classe politique qu'il ne se préoccupe plus de la fiabilité des propositions du parti de Marine Le Pen.

Le seul enseignement susceptible d'être entendu par la classe politique, à gauche et pour une partie des Républicains, est qu'il faudrait entendre – à défaut de la comprendre – la détresse socio-économique des électeurs du FN. Certes, c'est un point capital. Mais il ne rend absolument pas compte de l'ensemble de leur motivation. De la question du chômage à celle de la lutte contre le terrorisme en passant par la crise du civisme, c'est une certaine idée de la nation, et du pouvoir politique comme capacité de transformation du réel, que le vote frontiste pose de manière brutale. Mais personne ne semble, parmi nos décideurs, prendre la véritable mesure de la crise de civilisation qui se joue. L'insécurité culturelle d'ensemble, pour reprendre la formule de Laurent Bouvet[1], que vivent une partie de nos concitoyens n'est pas véritablement perçue par ceux qui prétendent être des décideurs… Ils ne comprennent pas que la précarisation tendancielle des classes moyennes, l'insécurité socio-économique qu'elles vivent – ou voient se dessiner pour leurs enfants – minent lentement mais sûrement la société de confiance et le pacte social. Ils persistent ainsi dans la pensée unique qui vante sans discernement la vulgate de la globalisation, avant tout financière. La croissance et l'emploi fragilisés ne peuvent plus fabriquer de la cohésion sociale : ils forgent par conséquent les armes potentielles de ce que l'on pourrait nommer l'*incivil war* : la peur, le ressentiment et le désir de violence…

Au fond, ce que les hautes sphères administratives et politiques cherchent à garder dans l'ombre, c'est l'effacement progressif en Occident de l'espérance démocratique au profit d'une forme d'hégémonie des grands privilégiés, de la prise en main des différentes formes de l'influence (idée, art, science, finance…). Voilà ce que signifie finalement le soft totalitarisme : des pouvoirs en archipel mais interactifs parvenant à

1. *L'Insécurité culturelle*, Fayard, 2015.

se dispenser chaque jour un peu plus des règles du jeu démocratique. C'est une logique de système qu'il convient de décrypter. Les théories du complot sont infantiles en prétendant que des « maîtres du monde » appartiennent à telle ou telle organisation (le CFR, le Groupe Bilderberg, la Trilatérale, etc.) et qu'ils poursuivent un plan finement prémédité ! La réalité est plus triviale : les élites ont suivi leur mouvement naturel qui les pousse à dégénérer en féodalités.

À qui la faute ? À nous tous d'une certaine manière, car l'époque enferme chacun dans ses préoccupations quotidiennes égoïstes. Il est parfaitement naturel de demander des comptes à des responsables politiques qui laissèrent cette dynamique se développer sans frein. Pourquoi n'ont-ils pas réagi ? Parce que nous ne formons pas des élites, précisément. Nous entretenons des prés carrés, nous préservons un modèle autarcique de fabrication du commandement, nous n'introduisons aucune diversité des talents et des expériences dans la sélection de ceux qui sont censés éclairer l'avenir. Les mêmes dirigent une administration un jour et prennent la tête d'un grand groupe ou intègrent son état-major quelques années plus tard. Sans doute cela se justifie-t-il parfois, mais lorsque ces pratiques deviennent une mécanique bien huilée, elles disent quelque chose d'inquiétant sur nos modes de fonctionnement.

Notre grand drame est que la pensée unique dispose aujourd'hui de plusieurs visages : « Il faut que tout change pour que rien ne change », il suffit de relire *Le Guépard* pour se le rappeler... Cette pensée normalisée repose sur un socle : le refus du peuple et de la loi de la majorité. C'est l'essence même de la politique moderne. Comment la définir ? Comme la conviction que l'ordre des choses mérite d'être corrigé lorsqu'il consacre l'écrasante domination des uns sur les autres ou qu'il paupérise des territoires entiers et les populations qui les peuplent (cf. les débats sur la désindustrialisation). Or, on reproduit les mêmes politiques, en insultant le sens de l'alternance. Lorsque l'on refuse le modèle démocratique, la moindre des choses est de le reconnaître clairement. C'est là tout le principe du soft totalitarisme : ménager des apparences en restant sourd aux messages sortis des urnes.

La tyrannie par le milieu ou la domination tranquille des corps intermédiaires

Le jeune ministre, l'ex-gauchiste, l'ardent journaliste et la candide centriste. Quatre acteurs complices, quatre rôles bien rodés, quatre déclamations sur une scène montée en toute hâte, à Science-Po Paris au lendemain du Brexit. Mais un seul et même discours : Emmanuel Macron, Daniel Cohn-Bendit, le chroniqueur de *Libération* Jean Quatremer, la députée fédéraliste UDI-MoDem Sylvie Goulard plaideront tour à tour pour « plus d'intégration en Union européenne », souligneront « les tentations égoïstes » des États, regretteront plus ou moins explicitement « le repli sur soi » du peuple britannique avec son lointain écho de mépris populaire. Quand, *deus ex machina*, un certain Maxime, jeune étudiant, vient rompre ce ronronnement scénique par cette question faussement ingénue : « Pourquoi n'avez-vous pas invité une personne favorable à la sortie du Royaume-Uni ? Ne croyez-vous pas que discuter entre vous favorise le délitement de l'Europe ? » Les intervenants hasardent une timide réponse avec cette bienveillance compassée si distinctive des puissants, et puis Jean Quatremer finit par sortir de ses gonds : « On se fait plaisir, cher monsieur », puis avec un silence suspendu entre les syllabes comme pour marteler chacune d'elles : « On... se... fait... plai... sir. » Rires dans la salle. Cette séance post-Brexit à Science-Po Paris résume à elle seule cette domination à la fois douce et élaborée des élites : un discours univoque mais suffisamment argumenté pour ne pas verser dans la grossière propagande ; un tour de table unicolore mais astucieusement « ouvert » à la droite, à la gauche, à la presse ; une acceptation unanime de la critique mais à laquelle répondent le dédain et la dérision. Univoque, unicolore, unanime... Voilà l e triptyque de cette nouvelle tyrannie des sachants, si prompts pourtant à afficher l'inverse, l'équivoque, le multicolore, le pluralisme. Cet apparent paradoxe dans les valeurs fait tout le génie de ce soft endoctrinement mis en place bien au-delà des grandes écoles et des centres de conférences, et à l'œuvre dans la plupart des corps intermédiaires : associations, médias, centres de recherche, partis politiques, groupes de pression, ces organisations – intercalées entre le pouvoir et le peuple – semblent coulées dans le même moule. Leurs porte-parole paraissent parler un même langage, parfois à rebours de celui tenu par la base militante ou salariale.

Pourtant, ici, pas de violentes représailles mais des douces contraintes, pas de rouleaux compresseurs argumentatifs mais de multiples rapports et études savamment éparpillés aux quatre coins des lieux de pouvoir. Les petits ruisseaux de la pensée dominante font les grands fleuves idéologiques. Au fond, les corps intermédiaires d'aujourd'hui n'agissent plus comme la « Police de la Pensée » du roman de George Orwell comme ils n'actionnent plus les grosses ficelles décrites à la fin des années 1920 par Edward Bernays, le neveu américain de Sigmund Freud, auteur du fameux *Propaganda*, le petit guide de l'endoctrinement[1]. « La fabrique du consentement » fonctionne avec des techniques bien plus élaborées.

La première consiste à se montrer, à se dévoiler. À assumer sans le moindre embarras. « On se fait plaisir, cher monsieur. » Nouveau, cet entre-soi hédonique affiché. Récent également, chez les élites, le désir revendiqué de convaincre les masses mal formées de les ramener dans le droit chemin. De ce point de vue, l'époque des grands marionnettistes du pouvoir, tireurs de ficelles depuis le sommet de l'État, apparaît comme dépassée. « Nos chefs invisibles [...] contrôlent l'opinion publique, exploitent les vieilles forces sociales existantes, inventent d'autres façons de relier le monde et de le guider[2] », percevait à bon droit Bernays dès 1928. Après-guerre, contenues dans une sorte de pudeur bourgeoise gentiment hypocrite ou de respect profond pour la loi

1. Edward Bernays, *Propaganda*, La Découverte/Zones, 2007.
2. *Ibid.*

démocratique des grands nombres, les élites s'employaient à masquer un sentiment de supériorité et à agir dans l'ombre des clubs de notables. Aujourd'hui, il suffit de lire les pages « politique », « économie » ou « société » d'un journal pour voir s'étaler l'arrogance. Encore une fois, à l'occasion du vote britannique en faveur de la sortie de l'Union européenne, toutes les digues de la pudeur sautèrent à même temps comme l'attestent les quelques citations suivantes[1]. En mode censitaire, Xavier Couture, professionnel de l'audiovisuel : « Je pense nécessaire l'instauration d'un examen de culture générale minimum pour l'obtention du permis de voter. » En mode hargneux, le philosophe Bernard-Henri Lévy : « Ce Brexit, c'est la victoire des casseurs et des gauchistes débiles, des fachos et des hooligans avinés et embiérés, des rebelles analphabètes et des néonationalistes à sueur froide et front de bœuf. » En mode culturel, l'ancienne garde des Sceaux, Christiane Taubira : « Le Brexit ne nous empêchera pas de lire Shakespeare. »

Dans le domaine économique, où le pragmatisme s'érige en véritable idéologie, les dirigeants des grands groupes mesurent davantage leur propos mais progressent aussi sur la voie du cynisme décomplexé. Leur dernière trouvaille consiste par exemple à habiller d'une terminologie positive, presque enjouée, leur programme de réduction d'effectifs[2]. Les exemples

1. Recension des citations dans *Causeur*, n° 37, été 2016, « Le jeu des sept erreurs ».
2. Tribune de Franck Dedieu parue sur le site de *La Croix*, le 7 juillet 2016, « La Nouvelle novlangue managériale ».

abondent : dernièrement en juin 2016, le plan « Transformation 2020 » du groupe aéronautique Latécoère prévoit une réduction de 10 % des effectifs en France. Le « Business Developpement Plan 2014-2016 » de BNP Paribas se traduit lui aussi par du personnel en moins. Le « Stratégie 2020 » de Sanofi sonne pas mal également, il fait de l'équipe dirigeante des visionnaires attachés au long terme et à la pérennité de leur multinationale, mais ledit plan comporte un austère volet social. Le philosophe et historien Marcel Gauchet parle de « radicalité tranquille », habile oxymore pour désigner une sorte d'autoritarisme aux airs faussement modérés.

Plus trivialement, une question se pose : cette autocratie à ciel ouvert, épandue à la volée comme des semailles, dans les journaux, les clubs de pensée, la haute fonction publique, arrive-t-elle à convaincre ? Réponse : oui, mais de moins en moins. Un indicateur – pour ne pas dire un étalon – de la pensée dominante : les référendums européens. Leurs résultats valent tous les sondages sur les valeurs de l'UE et éclairent assez justement sur la relation entre les élites dans une très large mesure favorable au « oui » et l'opinion publique. Chacune des contestations charrie son lot d'intimidation, d'expertises, de bourrage de crâne... Dans les années 80 et 90, les peuples consultés approuvèrent 74 % des référendums et souvent à une large majorité. Les Danois et les Irlandais jouèrent un peu les trouble-fête mais ils revotèrent et rentrèrent dans le rang bruxellois. De février 2005 à juin 2016, aux douze référendums organisés dans les pays membres, les peuples répondirent sept fois par un « non », un « *nee* », un « *no* », un « *nej* ». Et, du jamais vu depuis l'histoire européenne, les quatre derniers suffrages relatifs à l'Europe organisés depuis deux ans (2015 et 2016) en Grèce, au Danemark, aux Pays-Bas et au Royaume-Uni, signent tous le refus d'aller plus avant dans l'intégration économique et politique. Comme si, à la faveur de la crise, les peuples se réveillaient d'un grand sommeil et d'une longue duperie idéologique. Une erreur consisterait à croire ce haut clergé économique, administratif et médiatique aveugle, incapable de voir ce réveil politique, et de l'analyser en conscience. Lui aussi ouvre les yeux, sent sa domination fragilisée. Au lieu de s'amender, il se hérisse, se resserre. Le célèbre docteur Pavlov, spécialiste du comportement, parlait de « réflexe de but », un instinct de conservation qui, appliqué au pouvoir, conduirait à aller plus loin dans la persuasion mais – encore une fois – sans tomber dans le totalitarisme classique. Utilisée sans parcimonie par les élites de tous horizons, la technique de l'intimidation par la peur ne consiste évidemment pas à s'en prendre physiquement aux « mal-pensants » mais à leur promettre une suite de malédictions si, dans un élan de dissidence, ils ne marchaient pas sur le sentier de la raison. Peur de se mettre au ban des nations, peur de défier la marche naturelle du progrès, peur de se mêler à des leaders politiques peu recommandables, peur de la réaction des marchés financiers et des experts de Bruxelles… Michel Onfray, dans son ouvrage *Le Miroir aux alouettes*, parle opportunément d'athéisme social pour qualifier son refus de cette stratégie d'intimidation[1]. Pas besoin de revenir longuement sur le contenu des menaces relayées par la majorité de la presse, des associations, des élus de tous bords, parfois même des artistes, mais juste deux exemples révélateurs. La City de Londres allait vivre une longue suite de malédictions économiques et financières après le Brexit. Le FMI et la Banque d'Angleterre y allaient de leur scénario noir relayé par 88 % des économistes. Le Trésor britannique imaginait même un recul de 9 % du PIB à l'horizon 2030. La bonne tenue de la Bourse après le vote révèle soit une parfaite incompétence, soit une inquiétante malhonnêteté. Plus drôle et plus loin dans le temps, Ségolène Royal, en pleine campagne pour le « oui » au référendum européen de 2005, menaçait de privatiser… les cantines scolaires. Certes, autant l'avouer, à chacune de ces consultations où se révèle au grand jour le séparatisme des élites, le camp du « non », anti-pensée unique pour faire simple, ne fait pas non plus dans la dentelle avec son cortège d'exagérations, de simplifications, voire de mensonges. Après tout, ces « dérives » de rhétorique font partie du débat contradictoire mais à condition de maintenir une certaine harmonie et proportion dans la place accordée et les moyens concédés aux deux parties. Or, le déséquilibre saute aux yeux de n'importe quel observateur un tant soit peu objectif. Quelques mois avant le vote sur le Traité constitutionnel, les pointages effectués par les journalistes d'« Arrêt sur images » soulignaient un temps d'antenne

1. Plon, 2016.

inéquitablement répartie au bénéfice du « oui » (70 % contre 30 % pour le « non »). Plus grave, lors de la séance du Congrès, le 28 février 2005 à Versailles, 91,70 % des parlementaires approuvèrent le projet de loi constitutionnelle préalable à la ratification du projet européen [1], quelques semaines donc avant le rejet populaire du texte en mai par 54,7 % des suffrages. Le même décalage entre le peuple et ses représentants se répète quand il s'agit de faire entrer dans le droit français des textes négociés à Bruxelles, par exemple, en 2012, lors de la ratification du Traité sur la stabilité, la coordination et la gouvernance (TSCG) votée par 477 députés (soit 83 % de l'Assemblée). Dans le même ordre d'idée, la Chambre des communes se prononça à hauteur de 74 % pour le maintien du Royaume-Uni dans l'Union européenne. Un décalage similaire se produit aussi aux États-Unis entre les électeurs du camp républicain enthousiasmés par Donald Trump et les élus du parti largement hostiles au milliardaire.

Franklin Roosevelt comparait le pouvoir à un attelage à trois chevaux, constitué par les pouvoirs judiciaire, exécutif et législatif avec le peuple américain comme cocher. Or, qui tient la cravache de cuir aujourd'hui ? Les lobbies se trouvent souvent pointés du doigt. Ils prennent effectivement de plus en plus d'importance technique, politique et surtout économique. D'après les recensions de l'agence indépendante Open Secrets [2],

1. Serge Halimi, « Médias en tenue de campagne européenne », *Le Monde diplomatique*, mai 2005.
2. opensecrets.org

les groupes de pression à Washington ont multiplié par deux leurs dons aux organismes politiques sur une quinzaine d'années (3,22 milliards de dollars en 2015 contre 1,57 milliard en 2000) avec une mention spéciale pour la Chambre de commerce américaine (+ 450 % de dépenses sur la même période), l'avionneur Boeing (+ 275 %) ou General Electric (+ 82 %). Même inflation des budgets à Bruxelles où la banque Goldman Sachs déboursait 14 fois plus en 2014 qu'en 2013 et le géant de l'informatique Google doublait la mise. De façon assez contre-intuitive, la transparence des sommes consacrées à l'influence par les lobbies, au lieu de provoquer un certain ralentissement uniquement par pudeur ou crainte de la chicane, incite plutôt à la surenchère par simple comparaison des retours sur investissement.

Pour autant, faire des lobbies les seuls « cochers » de la diligence, pour reprendre l'image de Roosevelt, semble un peu trop facile et confine à une certaine paranoïa. En fait, plusieurs « cochers » s'assoient sur la banquette avant – médias, associations, lobbies, banquiers, ONG – dans une sorte de confusion des rôles, de dilution du pouvoir, de flou dans les fonctions. À force de se côtoyer au quotidien dans les think tanks, les réseaux, les conseils d'administration et les salons divers, ils finissent par présenter une sorte de profil commun. Mais, au fond, peu importe leur état civil, seules comptent leur proximité à l'idéologie dominante et leur capacité à s'en faire l'auxiliaire. Certains publieront des articles, d'autres produiront des notes, les plus hâbleurs arpenteront les couloirs des assemblées à Bruxelles, Paris ou Washington. Aucun d'eux ne s'inscrit formellement au « club des sachants » ou à une franc-maçonnerie élitiste, avec rite d'initiation et serment de loyauté à la pensée unique. Non, cela tient plutôt du « réflexe d'imitation », comme l'analysait déjà, à la fin des années 1920, le spécialiste de psychologie sociale Pierre Bovet[1] : « L'imitation joue le rôle du grand agent de la contrainte sociale. » Elle se propage à la fois par « nécessité instinctive » pour survivre dans un groupe aux valeurs et au cursus communs, et par « devoir et obligation » pour s'illustrer au milieu d'une cour de courtisans.

Influencer, tronquer, intimider, imiter… Et si, un jour, ces « verbes forts », comme disent les linguistes, ne suffisaient plus à tenir dans un corset moral et idéologique le plus grand nombre ? Après tout, à en croire la bonne vieille théorie marxiste ou la simple loi d'arithmétique démocratique, la force des masses finit dans son déploiement par renverser le pouvoir d'une minorité, fût-elle bien organisée. Sur le papier peut-être, mais en pratique… D'abord, par tradition, les élites françaises jouissent d'un prestige très particulier, capable de leur assurer presque naturellement une rente de pouvoir, « une persistance dans l'être », pour parler comme les philosophes. Bien sûr la Révolution française, dans le sillage des écrits de Rousseau, magnifie le peuple bon, généreux, souverain d'où jaillit comme par magie politique la « volonté générale ». Mais, par contrecoup, cette sublimation si lyrique et

1. Cité par Serge Tchakhotine, *Le Viol des foules par la propagande politique*, Gallimard, 1952, p. 154.

théorique rend impardonnable la moindre inconduite de la *vox populi*, et insupportables les imperfections de « l'Être suprême ». D'où une sorte de méfiance à l'endroit du peuple et par déduction une admiration « très française » pour la technocratie. Le pays de Descartes va d'ailleurs produire des « théoriciens » très influents en la matière. Ainsi, par exemple, Tocqueville, auréolé de toutes les vertus par les élites françaises, redoute au milieu du XIXe siècle de voir « la masse du peuple séduite par son ignorance ou ses passions » et lui préfère « un corps aristocratique [...] trop peu nombreux pour céder aisément à l'enivrement de passions[1] ». Gustave Le Bon, sociologue de poids au début du XXe siècle, dresse une « psychologie des foules[2] » et voit dans tout rassemblement populaire une fâcheuse tendance à abandonner le sens commun pour se muer en populace. Quant à la toute-puissance de la technocratie, un de ses fameux doctrinaires s'appelle Auguste Comte et imaginera même un gouvernement idéal de scientifiques, capables d'appliquer les lois de la « physique sociale ». Ce n'est pas un hasard, d'ailleurs, si ce fantasme de conduite politique en pilotage automatique se retrouvait au cours des années 80 et 90 dans les têtes bien faites de Français propulsés à la tête des plus grandes institutions internationales, comme Pascal Lamy (Organisation

1. Alexis de Tocqueville, *De la démocratie en Amérique*, Gallimard, Bibliothèque de La Pléiade, 1992.

2. Cité par Serge Tchakhotine, *Le Viol des foules par la propagande politique*, *op. cit.*, p. 452.

mondiale du commerce), Jean-Claude Trichet (Banque centrale européenne) ou Michel Camdessus (Fonds monétaire international). Ce rêve d'expertise trouve d'ailleurs son prolongement dans le projet de coalition nationale soutenu par pratiquement toutes les élites, en particulier celles des grands corps administratifs, des puissantes multinationales et des principaux médias. Sous les effets d'une puissante force centripète, la droite libérale et la gauche « raisonnables se réuniraient en leur centre pour appliquer une politique supposément rationnelle, inspirée par la lucidité, débarrassée des passions si communes aux « bords » politiques. Dans cette optique, l'idée de coalition se présente alors sous des aspects d'évidence quasi scientifique pour disqualifier d'emblée toute alternative.

Mais attention, pour maintenir leur emprise, ces élites ne veulent pas seulement jouer les forts en thème. À la façon des honnêtes hommes d'antan, ils se cherchent un supplément d'âme. Une nouvelle éthique *upper class* parfaitement compatible avec un mépris social assumé. Toute l'astuce de cette martingale morale consiste à ne jamais appréhender le peuple dans sa globalité – approche « trop populiste » – mais à le segmenter en minorités pour défendre ses droits, sa mémoire, son émancipation. Abandonner le tout mais chouchouter chacun. Ces minorités – vues avec beaucoup de bienveillance – finissent par revendiquer un poids politique et une audience médiatique, sans commune mesure avec leur force réelle dans le pays. Fin avril 2016, quand une petite centaine d'intermittents du spectacle occupent la Comédie-Française pour défendre leur régime, ils accrochent l'attention de tous les médias et finissent par obtenir en partie gain de cause sur le terrain politique. Un rapport « poids réel/ influence politique » imbattable : l'attroupement de théâtreux représentait 0,03 % de tous les intermittents et 0,003 % des chômeurs... Mieux, ou pis, à la même époque, les sifflets de quinze perturbateurs à l'encontre du ministre socialiste Stéphane Le Foll dans un meeting à Bordeaux retentiront jusque dans les rédactions nationales et feront l'objet de plusieurs papiers. Bienvenu dans le nano-totalitarisme ! Plus sérieusement, une mode très prisée des élites consiste de plus en plus à réunir des associations et des élus pour « colégiférer ». Mettre la société civile et le personnel politique autour d'une même table part d'un bon sentiment, mais attention au détournement démocratique. En moyenne, un député représente 115 000 Français (en théorie, 66 millions !) et peu d'associations peuvent se prévaloir d'un nombre équivalent d'adhérents. Au fond, cet « affectio-associatif » avec mention particulière pour « les franges » les plus minoritaires consiste – pour reprendre la formule de Michel Onfray – à « créer un peuple de substitution ». Se détourner des « classes populaires » et opter en retour pour ce clientélisme communautaire, c'est ce que suggérait en 2011 le think tank Terra Nova, dans une note à l'attention du PS en prévision de la présidentielle. Une pratique fort ancienne en réalité. Car c'est bien cette méthode qui est appliquée depuis des années par toutes les formations politiques sans exclusion, au plan national comme local : flatter les différences pour mieux convaincre les gens qu'il ont des besoins à combler, de nouvelles exigences à satisfaire. La classe politique s'est ainsi transformée en un énorme guichet auquel chaque groupe (professionnel, ethnique, religieux, sexuel, etc.) est invité à se présenter pour passer commande comme le feraient des consommateurs. En échange de leur vote, bien sûr. Suprême ruse politique ou simple concours de circonstances, ce souci des droits catégoriels et du sociétal néglige « opportunément » la question sociale des inégalités et dédaigne l'approche plus politique du pouvoir et de la domination. Des questions plus embarrassantes pour les élites. Pour reprendre une idée développée par le philosophe Philippe Raynaud dès 1992, réduire les citoyens à leur groupe de référence procède d'une approche individualiste qui décourage une véritable action collective[1]. Au nom d'un humanisme un peu fruste, les élites mènent avec délice des « micro-combats » symboliques comme « la guerre des toilettes » pour le respect des transgenres ou, moins polémique, le *Ice bucket challenge* destiné à sensibiliser le plus grand nombre à la lutte contre la sclérose latérale amyotrophique en se versant un seau d'eau glacée sur la tête. Mark Zuckerberg, le fondateur de Facebook, et Larry Page, son homologue de Google, s'y adonneront avec un engouement presque équivalent à celui déployé pour faire de l'optimisation fiscale. Les œuvres humanitaires d'abord, les obligations collectives ensuite. Finalement, les élites actuelles semblent simultanément jouer les Tartuffe et les Misanthrope. «Je n'y

1. Philippe Raynaud, « De la tyrannie de la majorité à la tyrannie des minorités », *Le Débat*, n° 69, 1992.

puis plus tenir, j'enrage et mon dessein est de rompre en visière à tout le genre humain », proclamait Alceste.

La tyrannie par le bas ou l'arnaque citoyenne

S'imposer pour notre bien et par le bas, telle est l'autre force du soft totalitarisme. Il ne permet plus seulement de faire d'une véritable régression un formidable progrès – « La guerre c'est la paix, la liberté c'est l'esclavage, l'ignorance c'est la force », disaient déjà les slogans du Parti imaginés par Orwell dans *1984*. Il s'agit désormais d'aller plus loin encore en permettant cette régression grâce au consentement de tous les citoyens. Voire de présenter ce recul, travesti en avancée, comme étant une exigence de « la base » elle-même. En somme, l'art consommé du soft totalitarisme, c'est de faire de chaque citoyen l'agent de sa propre servitude, pour son propre « bonheur » évidemment... La mascarade des primaires en est une preuve. Elles se sont installées dans notre pays en quelques années et personne aujourd'hui ne semble songer à les remettre en cause. Pensez-vous : les États-Unis s'y sont convertis depuis si longtemps et nous autres, pauvres Français, nous rechignerions à monter à bord du grand train de la modernité ? Il faudrait être fou. Pis encore : il faudrait être un fou dangereux pour refuser au peuple ce surplus de démocratie qui lui est maintenant « offert ».

Pourtant, la seule question qui vaille est bien celle-ci : ce processus de désignation offre-t-il vraiment un mieux démocratique ? Cette interrogation apparaîtra absurde à tous ceux qui se réjouissent que « le choix du leader [ne soit] plus entre les mains de l'appareil [partidaire] et de ses cadres, mais confié à la base[1] ». Comme si l'affaiblissement des partis – qui n'a pas attendu les primaires – et la dévalorisation du militantisme que cela induit – les encartés n'ont même plus le privilège de choisir seuls leur représentant à la course à l'Élysée – étaient nécessairement un bien pour notre vie politique. Le pire, c'est que l'on en trouvera certains chez les partisans des primaires pour se plaindre que le candidat désigné ne tienne pas compte du programme de la formation politique dont il est issu une fois parvenu au pouvoir ! C'est vrai, ça, pourquoi François Hollande n'écoute-t-il pas le Parti socialiste, lui qui a été choisi lors d'un scrutin primaire dont le corps électoral était composé au mieux de... 6 % d'adhérents au PS[2] ?

Seulement 6 % ? Voilà bien la preuve que ces primaires ont donc atteint leur objectif d'ouverture, nous répondra-t-on. Là aussi, une telle affirmation est discutable. Car si un grand nombre vote, qui peut effectivement se présenter aux primaires en France ? Lors de la compétition organisée par le PS en 2011, il fallait obtenir le parrainage de « 5 % des parlementaires socialistes, ou 5 % des membres titulaires du conseil

1. Synthèse introductive au rapport « Pour une primaire à la française » par Olivier Duhamel et Olivier Ferrand, présidents du groupe de travail de Terra Nova sur les primaires.

2. Il y a eu 2,8 millions de votants au deuxième tour de la primaire socialiste, le 16 octobre 2011. À la fin de cette même année, le PS revendiquait 174 022 adhérents.

national, ou 5 % des conseillers régionaux ou généraux socialistes issus d'au moins 10 départements et 4 régions, ou 5 % des maires socialistes des villes de plus de 10 000 habitants issus d'au moins 4 régions[1] ». Et pour la primaire LR de 2016 ? Les candidats doivent chacun se prévaloir du soutien « d'au moins 250 élus [...] répartis sur au moins 30 départements [...] parmi lesquels au moins 20 parlementaires » et de l'appui aussi « d'au moins 2 500 adhérents du parti "Les Républicains" à jour de cotisation, répartis sur au moins quinze fédérations départementales différentes[2] ». La primaire à la sauce hexagonale a beau être qualifiée de « citoyenne » ou d'« ouverte », c'est donc plutôt une compétition entre soi, à laquelle sont « conviés » pour départager les candidats, dans un deuxième temps seulement, les « simples » sympathisants de droite et de gauche. C'est un puissant instrument pour que le « débat politique » continue à n'appartenir qu'aux « classes qui détiennent la parole », pour reprendre les mots de Christopher Lasch[3], tout en donnant bien entendu l'illusion de la libérer.

C'est à se demander si les promoteurs des primaires en France, dont le regard amoureux se porte si souvent sur les États-Unis, savent seulement comment elles se déroulent outre-Atlantique. Bien entendu, il ne s'agit

1. « Les primaires, mode d'emploi », site du Parti socialiste.

2. Guide électoral de la primaire ouverte de la droite et du centre.

3. *The Revolt of the Elites and the Betrayal of Democracy*, 1994. Paru, en 1999, chez Climats sous le titre *La Révolte des élites et la trahison de la démocratie*.

vraiment pas pour nous ici de faire l'apologie de ce processus tel qu'il fonctionne chez nos voisins américains. Ses vertus démocratiques sont en effet loin d'être évidentes. D'une part, les règles des primaires US sont d'une complexité et d'une obscurité totales, variant d'un État à un autre (primaire fermée, ouverte, semi-ouverte, caucus, etc.). D'autre part, la capacité à lever de l'argent et à peser en intentions de vote dans les sondages surdétermine la viabilité d'une candidature. Mais pour postuler aux primaires démocrates et républicaines, sur le papier du moins, il semble qu'il suffise d'être membre de ces partis et de répondre aux critères d'éligibilité au poste de président (être né citoyen américain, avoir plus de trente-cinq ans, avoir résidé dans le pays au moins quatorze ans et ne pas prétendre à un troisième mandat à la Maison Blanche). En somme, un Donald Trump – que l'on apprécie ou non le personnage et ses positions – ou un quelconque candidat voulant « faire turbuler le système » n'a aucune chance de pouvoir se présenter à une primaire française. « Et c'est tant mieux », estimeront certains grands « démocrates ». Pour ceux-là, nous sommes bien loin du totalitarisme puisque, du débat, il y en a eu à la primaire de 2011, comme il y en a aujourd'hui entre les candidats LR.

On pourrait commencer par s'interroger sur la raison qui a poussé la droite à se convertir à son tour à ce dispositif aux antipodes de sa tradition politique. Peut-être, parce que l'engrenage de la grande machine de la modernité est impitoyable. Il suffit qu'un camp – le PS en l'occurrence – y mette un doigt pour que le bras de celui du camp d'en face – LR – soit emporté. Mais revenons à ce qui nous occupe : le débat d'idées prétendument généré par la primaire. Qu'est-ce qui différencie fondamentalement un Nicolas Sarkozy d'un François Fillon, d'un Alain Juppé, d'un Bruno Le Maire, d'une Nathalie Kosciusko-Morizet, d'un Jean-François Copé, etc. ? Un peu moins de sociétalisme chez l'un, un peu plus de libéralisme chez l'autre ? Un peu plus d'atlantisme chez l'un, de russophilie chez l'autre ? Combien d'entre eux proposent de redéfinir véritablement le cadre des relations qui nous lient à Bruxelles ou Berlin ? Combien d'entre eux s'interrogent sur les méfaits de l'euro comme monnaie unique ? Combien d'entre eux émettent ne serait-ce que des doutes sur notre obsession pour le désendettement, le productivisme à tous crins et la recherche éperdue de croissance ? Combien d'entre eux osent finalement avancer des propositions que l'on aurait tôt fait de qualifier d'« hétérodoxes » ? Seul Jean-Frédéric Poisson, ce candidat surprise qui devait servir d'alibi au pluralisme, est sorti du rôle où l'on voulait le cantonner pour bousculer la doxa européiste.

Idem chez les candidats à la « primaire citoyenne » du PS. La différence entre les deux finalistes, François Hollande et Martine Aubry, pouvait finalement se calculer en nombre d'emplois d'avenir que chacun des deux candidats proposait. C'est dire si le débat avait de la tenue… D'aucuns diront qu'il y eut au moins un Arnaud Montebourg pour troubler le ronron des mesures politiques déjà mille fois entendues. C'est vrai. Au moins le temps de la campagne. Car la démondialisation que portait l'ex-député de Saône-et-Loire aura eu bien du mal à pointer le bout de son nez au cours du quinquennat… Mais c'est un autre débat. Le cas Montebourg, tout comme le cas Valls, est éclairant pour une autre raison. Les primaires favorisent les outsiders. On peut récolter 17 % des suffrages lors d'une telle élection et décrocher le ministère de l'Économie et du Redressement productif. Mieux : on peut ne rien peser dans son parti, y être un quasi-paria, se « contenter » de 5 % des voix (soit moins de 150 000 suffrages) lors de la primaire et se voir ouvrir les portes de l'Intérieur, puis de Matignon. On peut aussi embarquer avec soi son parti de poche dans la grande aventure des primaires, ne réunir pas même 1 % des bulletins et, comme Jean-Michel Baylet, finir – une fois ses ennuis judiciaires écartés – ministre de l'Aménagement du territoire.

Pourquoi se priver ? On comprend que la primaire LR crée autant de vocations, chacun ayant bien compris qu'un simple acte de candidature pouvait permettre d'obtenir quelques mois plus tard, au pire des cas, un joli secrétariat d'État… Les primaires étaient pourtant censées régler « les problèmes de leadership », nous répétaient jusqu'à l'épuisement ses partisans (sans se rendre compte que le problème du PS était d'abord idéologique). Mais au déficit de leadership, les primaires répondent *in fine* par une inflation – excusez le mauvais jeu de mots – de *leaders cheap*… Il ne sert à rien d'avancer un programme intelligent et différent, il suffit d'être dissonant. Telle est la grande avancée démocratique des primaires et tel est finalement le génie du soft totalitarisme : générer du brouhaha là où on attendrait plutôt du débat, du dissensus mais dans un cadre faisant surtout consensus. Résultat : on assiste à des batailles homériques sur des questions mineures et autorisées.

Mais revenons un instant sur la manière dont elles ont fait leur apparition en France. Rémi Lefebvre dans *Les Primaires socialistes*[1] retrace de manière très convaincante la genèse de cette supposée « révolution démocratique » et désigne les artisans forcément bien intentionnés des primaires : « La presse, rappelle-t-il notamment, accueille d'un œil favorable une procédure qui, pendant de longs mois, ne manquera pas de dramatiser, mettre en scène et personnaliser une compétition interne autrefois confinée dans les coulisses partisanes. *Libération* et *Le Nouvel Observateur*, qui ont des partenariats avec Terra Nova, construisent peu à peu une attente sociale de primaires. [...] *Libération* publie une série de sondages en 2009 qui mettent en scène la faveur grandissante des primaires dans l'opinion et dans le "peuple de gauche". Le 31 mars 2009, le quotidien titre en une : "Les Français veulent des primaires". » Et Laurent Joffrin de s'enthousiasmer dans un édito sobrement intitulé « Évidence » : « Il faut se rendre à l'évidence : la manière dont les partis désignent leur champion a fait son temps [...] Voilà pourquoi dans sa sagesse participative le peuple de gauche plébiscite le mécanisme des primaires qui a désigné ailleurs un Prodi et, surtout, un Obama. » Il est amusant de voir Joffrin louer la « sagesse » du

1. *Les Primaires socialistes. La fin du parti militant*, Raisons d'agir, 2011.

« peuple », fût-il « de gauche », il n'en a pas toujours été ainsi… Comme il est amusant de le voir vanter les mérites du dispositif des primaires par ceux qu'il a alors permis de désigner. On se demande s'il oserait faire de même maintenant qu'un François Hollande ou, pire encore à ses yeux, un Donald Trump, ont été couronnés candidats à l'issue d'un tel processus ?

Lefebvre s'est en tout cas montré clairvoyant : les primaires offrent aux électeurs-citoyens devenus spectateurs-consommateurs un numéro plus navrant que celui que nous connaissions déjà, un méli-mélodrame encore plus bas de gamme qu'à l'habitude, une *telenovela* électorale à rebondissements plus nombreux qu'autrefois, chaque journée servant de feuilleton dans les médias en fonction de la « pipeau-lémique » du moment, de la dernière petite phrase assassine prononcée par « l'entourage » ou un mystérieux « proche », de la dernière révélation en toc et du dernier sondage en date. L'idéologie a été chassée au profit de la tactique. Car il s'agit seulement de plaire à l'opinion. On ne débat plus, on ne convainc plus, on enchaîne les « séquences », comme on dit dans les rédactions, on essaye d'en sortir gagnant, et l'électeur devenu « stratège » n'a plus, lui, pour rôle que de se chercher un « favori » (c'est le terme utilisé à longueur de colonnes) pour battre le camp d'en face.

D'où l'importance des sondages. Les instituts, on l'a vu, ont été des artisans zélés de l'importation des primaires en France. On comprend leur intérêt : si les enquêtes d'opinion politiques sont peu rémunératrices, elles offrent aux instituts une visibilité médiatique importante et leur ouvrent en grand les portes de la commande publique et privée. Ce sont ces mêmes instituts qui, chaque jour ou presque, nous indiquent donc qui pourraient être ces fameux « favoris ». Sans que les noms de tous les candidats soient toujours tous connus à l'heure où le pays est sondé. Et sans que le corps électoral soit lui-même toujours clairement identifié, comme dans le cas de primaires fermées. On a ainsi eu droit, lors de la désignation du candidat à la présidentielle de 2012 d'Europe Écologie-Les Verts (un scrutin réservé aux seuls adhérents écolos), à un sondage Viavoice pour *Libération* qui, de l'aveu même d'un des dirigeants de la société de sondages, ne comptait parmi les personnes interrogées « peut-être aucun » militant EELV pouvant participer à ce scrutin[1]... Qu'importe, le quotidien trouvera quand même le moyen de titrer sur « l'avance de Monsieur Hulot » à quelques jours d'un scrutin remporté par... Eva Joly ! Aux États-Unis, les sondages ont une place encore plus centrale : en raison du trop grand nombre de candidats à la primaire des Républicains en 2016, seuls les dix prétendants les mieux placés dans les enquêtes d'opinion ont pu participer au débat diffusé par Fox News. Les sept autres, renvoyés au rang de sous-candidats, ont été « conviés » à un débat de seconde zone diffusé quatre heures auparavant. Une telle dérive serait impossible en France, pensez-vous ? Elle vient pourtant d'être décidée par nos parlementaires, comme nous le verrons plus tard.

1. « Primaires : Zéro électeur écolo dans le sondage *Libération*-Viavoice ? Possible... », Marianne.net

Ce ne sont donc plus les partis, ni même le débat d'idées, qui désormais façonnent le discours des candidats, mais les sondages et conseillers en com. Les principaux intéressés ne s'en cachent plus. Les politiques, confie Denis Pingaud, ancien vice-président exécutif de l'institut Opinionway, « deviennent [...] complètement dépendants en période électorale, sollicitant quotidiennement les instituts pour connaître les derniers états des intentions de vote », et certains sondeurs n'hésitent pas à « franchir le pas qui mène de l'usine à données au bureau de consulting », en offrant leurs conseils aux responsables politiques de manière plus ou moins « discrète »[1]. La raison d'une telle dépendance est simple. Là encore, Denis Pingaud joue cartes sur table : « Les corps intermédiaires de la société comme les partis ou les syndicats, traditionnellement passerelles des revendications d'en bas vers les décideurs d'en haut, se sont aujourd'hui largement délités et transformés. Depuis trente ans, les instituts de sondage ont pris le relais. » La boucle est bouclée. Il fallait dépasser les partis, effacer ces vestiges d'un autre temps, et sitôt cet objectif atteint, les voici remplacés par ceux-là mêmes qui ont participé à leur disparition. Voilà comment, avec notre consentement, nous glissons ainsi peu à peu de la démocratie à la démocratie d'opinion et de la démocratie d'opinion à la dictature d'opinion. L'air de rien. En douceur. Une petite contre-révolution de velours nous conduisant de la démocratie à la post-démocratie. Un totalitarisme soft mais qui prend ses aises avec l'assentiment et le concours même des citoyens.

1. *Secrets de sondages*, Seuil, 2011.

Le besoin de renouvellement qui se fait entendre dans le pays est pourtant ô combien légitime. Mais comme le disait Jean-Pierre Chevènement d'une belle lapalissade : encore faut-il que « le basisme » vienne de « la base » ! Ainsi, sans doute y a-t-il plus à retenir dans les propositions des promoteurs d'une VIe République que chez les charlatans qui nous ont vendu les primaires dont on voit qu'elles n'ont en rien réglé la médiocrité de notre vie politique mais n'ont fait que l'accentuer. Probablement, devrait-on aussi décider d'élire nos représentants à l'Assemblée nationale à la proportionnelle de manière que toutes les sensibilités du pays y soient enfin représentées. Peut-être serait-il également plus utile et moins hypocrite, maintenant qu'il est enfin quantifié, de ne plus faire disparaître le vote blanc du résultat final de nos scrutins électoraux. Dans le même ordre d'idée, il serait heureux que notre pays dispose d'un « référendum d'initiative populaire » et ne se contente pas de cet ersatz mal fagoté et bien trop complexe (à dessein ?) qu'est le « référendum d'initiative partagée » consenti par Nicolas Sarkozy. Certainement faudra-t-il aussi revenir sur cette honteuse décision prise conjointement par le PS et Les Républicains, sous le regard approbateur des médias audiovisuels, de modifier les règles établissant le temps de parole de chaque candidat participant à la course à l'Élysée[1]. Une réforme qui favorise les grosses écuries, réduit au quasi-silence les supposés « petits » candidats

1. Lire l'appel du Comité Orwell paru sur Causeur.fr : « Dire non au verrouillage de la démocratie ! ».

et fait entrer les instituts de sondage dans le calcul du temps d'antenne à octroyer à chacun, à la manière de Fox News…

Il existe, on le voit, mille et une façons pour que les citoyens retrouvent la parole et reprennent le pouvoir. Nul besoin pour cela de tomber dans un « basisme » qui virerait, une nouvelle fois, au soft totalitarisme. Prenons Nuit Debout. Il était parfaitement compréhensible, comme l'ont fait des milliers de Français, de se réunir sur les places de notre pays et de s'interroger sur le monde dans lequel nous vivons. Mais la tournure prise par ce mouvement au fil des jours a permis de révéler le « fondamentalisme démocratique[1] » des nuit-deboutistes. Il n'est pas seulement question ici de rappeler comment Alain Finkielkraut a été raccompagné hors de la place de la République. C'était là déjà un événement parfaitement révélateur sur comment « des gens qui ne tolèrent pas la contradiction prétendent rénover la démocratie[2] ». Mais il y avait dans le fonctionnement même de Nuit Debout, dans son formalisme organisationnel, sa commissionnite quasi bureaucratique, sa volonté de délibérer jusqu'à l'absurde et son refus de voir émerger des meneurs une sorte de dictature de l'horizontalité : « Le personnage le plus honni est celui qui prétend jouer un rôle de leader, c'est-à-dire qui tente d'influencer les autres pour les rapprocher de ses propres conceptions.

1. « Nuit debout ou le fondamentalisme démocratique », Maurice Merchier, *Causeur*, n° 35, mai 2016.

2. « Nuit debout dévoilé. Merci, Alain Finkielkraut ! », Élisabeth Lévy, Causeur.fr.

La relation représentant/représenté implique de la verticalité. C'est donc logiquement que les nouveaux mouvements radicaux rejettent cette relation, et proposent des procédures relevant de la pure horizontalité, inadaptées aux sociétés d'aujourd'hui, comme le tirage au sort, explique très bien Maurice Merchier dans le numéro de *Causeur* consacré à Nuit Debout[1]. Des intellectuels (comme Frédéric Lordon) qui pourraient nourrir le mouvement Nuit Debout d'un contenu doctrinal important, se retrouvent dans une situation paradoxale : contraints à se fondre dans la masse, ils ne sont acceptés des foules debout qu'à condition de s'incliner pour pouvoir passer sous les fourches caudines de l'indistinction, sous peine d'être frappés d'ostracisme. » Résultat : le mouvement Nuit Debout qui semblait prétendre faire naître un grand « nous » n'apparaît aujourd'hui, après coup, que comme une juxtaposition de « je », une succession de prises de parole individuelles dont il était tout à fait impossible de faire une synthèse cohérente car cela aurait conduit à devoir choisir. Et choisir, hiérarchiser donc et même exclure, la recherche d'une horizontalité pure et parfaite ne le permet pas. Car selon cette logique toutes les paroles, toutes les propositions se valent. En définitive, Nuit Debout colle parfaitement à la période que nous traversons. Ce mouvement illustre à merveille ce « nouvel individualisme » décrit par Jean-Pierre Le Goff[2] :

1. « Nuit debout dévoilé. Merci, Alain Finkielkraut ! », Élisabeth Lévy, *op. cit.*
2. *Malaise dans la démocratie*, Stock, 2016.

« Antérieurement, l'engagement se référait souvent à des convictions ancrées dans différents courants de pensée, laïque ou religieux, à des idéologies ou à des courants politiques, tous issus d'une longue histoire qui avait marqué plusieurs générations ; il supposait un minimum de dévouements et de sacrifices concernant sa vie privée, ses goûts personnels et ses loisirs. Malgré cela, le militantisme pouvait être considéré comme un épanouissement personnel. » Aujourd'hui, seul compte ce dernier. Le « je » d'abord et avant tout. Le « je » d'abord et avant « nous ». On ne se fond plus dans un mouvement plus grand que nous-même, on consomme du militantisme comme on picore dans un paquet de chips. Ce n'est plus du militantisme, mais du « snacktivisme », du junk engagement comme il existe de la junk food. On comprend qu'avec le développement d'un tel militantisme au rabais le soft totalitarisme rencontre si peu de résistance…

De l'art de dissoudre les peuples

Apercevant Bonaparte à Iéna, en 1806, Hegel écrira : « J'ai vu l'esprit du monde à cheval ! » Le 14 juillet 2016, l'esprit du monde est-il passé en trombe, sur la Promenade des Anglais, au volant d'un camion blanc conduit par un monstrueux djihadiste *fast and furious* ? À moins que quelques baigneuses en burkini, dans une réédition salafiste et post-moderne du *Déjeuner sur l'herbe*, ne l'ait incarné ? Comme l'a dit Jacques Julliard, le multiculturalisme est « une blague, une blague sanglante ».

Trente ans de propédeutique à la tolérance et au respect des différences n'ont pas du tout accouché d'une société apaisée. Tout au contraire, le meilleur des mondes globalisé, ultra tolérant et multiculturel a débouché sur un cauchemar éveillé. Comment sommes-nous passés de la célébration de l'autre à cette ambiance de pré-guerre civile ? Qu'est-ce qui a mal tourné ?

Pour le comprendre, remontons aux origines de cette célébration des différences, de ce que l'on nomme le communautarisme ou le politiquement correct. On découvrira comment ce produit d'importation *made in*

USA s'est mal adapté au climat historique de l'Europe et a fini par produire des effets particulièrement délétères dans notre pays.

Un produit d'importation US

Comme le néolibéralisme, l'idéologie multiculturelle est née outre-Atlantique. À bien des égards, le soft totalitarisme résulte de la recombinaison de ces deux courants de pensée, au départ distincts, voire hostiles. Tandis que le politiquement correct est issu de l'extrême gauche, le néolibéralisme est, à l'origine, résolument situé à droite de l'échiquier politique américain. La restauration des théories classiques va muscler idéologiquement le Parti républicain et faire le bonheur du *big business.* Les admirateurs de Milton Friedman sont alors des partisans de la loi et de l'ordre, de l'armée, de l'Église et de la famille.

Avant d'investir les bureaux du 10, Downing Street ou de Pennsylvanie Avenue, les Chicago boys n'avaient eu aucun état d'âme à conseiller le général Pinochet. Leurs positions semblaient alors irréconciliables avec celle des étudiants « libéraux » prônant la légalisation des drogues douces ou dénonçant l'impérialisme américain. Nés dans le sillage des luttes contre la guerre du Vietnam, ces mouvements pour la défense des droits civiques ou en faveur du féminisme et de la cause homosexuelle appartiennent à la contre-culture américaine. Aux États-Unis, on parle de *political correctness* ou de mouvement *liberal.* Ce libéralisme-là n'a alors rien à voir avec le libre-échangisme. La « révolution conservatrice » qui arrive aux affaires avec Reagan et Thatcher s'oppose à la culture de l'excuse et prône une politique répressive, fustige les filles-mères qui profitent des aides sociales et considère l'avortement comme un crime.

Nous sommes dans les années 80, et les universités américaines accueillent avec retard mais aussi avec enthousiasme des auteurs tels que Foucault, Deleuze, Althusser, Lévi-Strauss, Bourdieu ou Lacan.

Ces penseurs apportent chacun leur concours à la déconstruction des grands récits et des grands systèmes philosophiques hérités du XIXe siècle et des Lumières. L'autonomie du sujet, le primat de la nature sur la culture, la prééminence du masculin sur le féminin, la supériorité de la civilisation occidentale sont autant de cibles pour ces théoriciens qui vont transformer le paysage des sciences sociales aux États-Unis et influencer la formation des élites. Les militants féministes, gays, afro-américains ou musulmans y gagnent la légitimation de leur cause qui se manifeste par la création de départements d'études dans les grandes universités du pays. Dans certains États, les manuels scolaires seront réécrits à l'aune des « apports » de ces études. Mais surtout, c'est une nouvelle sensibilité visant à faire droit au besoin de fierté de ces minorités et à ménager leur extrême susceptibilité qui va se diffuser dans tout le corps social américain. Ces minorités aspirent à l'égalité et rarement (c'est le cas du militantisme des Afro-Américains) à l'hégémonie.

Les postulats sur lesquels reposent ces « ismes » (sociologisme, structuralisme, lacanisme, etc.) se situent aux antipodes de ceux qui fondent le libéralisme. Les épigones de Friedman croient à l'autonomie et à la rationalité de l'individu. Soit tout le contraire des postulats de la *French theory* : le langage ou la culture sont des carcans, la liberté de l'individu est une illusion, la société est un dispositif mis en place par les dominants. Pour tous ces « ismes », le déterminisme est partout et découle de l'inconscient, de l'ethnie, de la culture, du milieu ou de la classe sociale, du genre. Alors, comment la croyance aveugle dans les vertus du marché a-t-elle pu se confondre avec le gauchisme culturel ? Pour comprendre comment ces deux courants de pensée, au départ antinomiques, vont se rapprocher puis finir par converger, il faut tenir compte de deux séries de facteurs.

La première série de facteurs est conjoncturelle. Adeptes du libre marché et défenseurs des minorités vont se découvrir des intérêts communs. Outre-Atlantique, une nouvelle génération de leaders émerge dans les rangs du Parti démocrate, incarnée par Bill Clinton et sa « troisième voie ». Sincèrement convertis aux bienfaits du marché, ils restent fidèles aux enseignements « émancipateurs, anticolonialistes, féministes, antiracistes » reçus sur les bancs de l'université. Conservateurs sur le plan économique, ils demeurent à gauche sur le plan sociétal.

Des mauvaises langues diront que les adeptes de la « troisième voie » ont cherché des leurres pour maintenir l'illusion de leur progressisme. Cette stratégie va s'avérer redoutablement efficace. Opposants des visions irréconciliables de la sexualité, de la famille ou des convictions philosophiques ou religieuses incompatibles, les enjeux sociétaux sont par nature ultra clivants et passionnels. Lors de ses cent premiers jours à la Maison Blanche, Bill Clinton déclenchera ainsi un tollé en cherchant à faire valoir un droit à l'homosexualité dans les rangs de l'armée américaine.

Dans le même temps, il va déréguler les marchés financiers comme aucun Républicain n'aurait osé le faire avant lui. Les grandes firmes constatent que porter atteinte à la morale traditionnelle ne remet pas nécessairement en question leurs bénéfices. Les vieux mâles blancs des conseils d'administration ou les veuves écossaises des fonds de pension découvrent aussi parfois que la promotion des minorités peut rapporter gros. Les femmes, les Noirs, les musulmans et tous les sous-groupes minoritaires aspirant à la reconnaissance de leur fierté, voire à de nouveaux droits, sont autant de marchés potentiels pour de nouveaux profits. Des produits afro aux juteux marchés des vêtements et de la boucherie hallal, en passant par la promotion d'un tourisme et de divertissements « ciblés », tout est bon pour créer de nouveaux marchés de niche différentialistes.

Particulièrement visée par cette ruse de la raison marchande, la communauté homosexuelle présente certaines caractéristiques qui vont la rendre éminemment *bankable* : fort pouvoir d'achat, pas (encore) de têtes blondes à nourrir, culture de l'apparence et pulsion consumériste, tous les voyants sont au vert pour transformer les marches de fiertés en grande parade publicitaire. En Amérique, tout commence en mystique et tout finit en produits dérivés. La boucle tactique est bouclée lorsque les politiciens conservateurs réalisent que ces communautés sont autant d'électeurs avec lesquels ils peuvent dealer. Cette approche clientéliste favorisant les minorités est pleinement justifiée par un souci d'efficacité en application de recettes du marketing recommandant de segmenter le marché pour mieux « l'adresser ». Les agendas électoraux et la vie des affaires ont incité gauchistes culturels et conservateurs économiques à rapprocher leurs vues, mais leur convergence va également s'opérer sur un plan idéologique. Dès les origines, des passerelles existent entre partisans du « laissez faire, laissez passer » et adeptes du « il est interdit d'interdire ».

Chez les partisans du libre-échange comme chez les promoteurs des minorités, on retrouve la même hostilité foncière et instinctive à l'égard de l'État et la même méfiance vis-à-vis de la majorité. De nombreux théoriciens de la déconstruction gauchiste sont issus du marxisme, mais ils sont toujours critiques du léninisme ou du stalinisme comme dérives étatistes et autoritaires. De leur côté, les libertariens estiment que la morale du bon père de famille n'est qu'une option parmi d'autres sur le marché des raisons de vivre. Le marché est neutre au plan axiomatique. Que certains revendiquent leur transsexualité, que d'autres se drapent dans leur négritude ou d'autres encore ne jurent que par le Coran, c'est à l'*Homo economicus* capricieux qui sommeille en chacun de nous de décider ce qu'il veut faire de sa vie.

Au nom des sciences économiques ou des sciences sociales, on considère que la défense de l'intérêt général est une supercherie. Derrière ce paravent, d'autres intérêts s'expriment, ceux d'individus ou de groupes qui veulent maintenir leur mainmise. Le sens commun, mais aussi la notion de bien commun sont ainsi contestés. Notre postmodernité ultralibérale a pour ainsi dire aboli les mœurs ou le fond des lois au profit de leur seule forme. Nous ne croyons plus ni à la nécessité, ni même à la possibilité d'une décence commune. Plus rien ne s'oppose à ce que des minorités ou des individus hostiles à la démocratie s'expriment et même se voient octroyer des droits tant qu'ils n'entravent pas le bon fonctionnement du marché. Chacun fait ce qui lui plaît si aucune certitude ne surplombe plus l'individu.

Relativisme, communautarisme, hyper individualisme, sectarisme, cet étrange précipité qui voit converger le libéralisme économique et le gauchisme culturel nous semble déroutant. Aux yeux d'un Anglo-Américain, le mélange de Friedman et de Lacan n'est pas si exotique que cela. La vision anglo-saxonne de la liberté a toujours été bien plus radicale que sa version européenne continentale. Habeas corpus, liberté du commerce, liberté des mers ont fait la force de l'Empire britannique. En Grande-Bretagne, la liberté d'exprimer des idées est longtemps absolue jusqu'à ce que la menace terroriste islamiste vienne quelque peu la tempérer. Jusqu'aux attentats de Londres, le respect du *free speech* permettait aux prédicateurs djihadistes de diffuser leur poison, juchés sur des caisses à savon, en plein cœur de Hyde Park, sous le regard indifférent des *bobbies*.

Les caractéristiques propres de l'histoire des États-Unis vont à la fois renforcer cette tendance à protéger l'individu contre l'État et accorder un rôle particulier aux communautés. Les premiers colons américains furent une poignée de fanatiques persécutés en raison de leur foi. Lorsqu'ils débarquent dans le Nouveau Monde, ces « pères fondateurs » connaissent le prix inestimable de la tolérance. Ces premiers Américains, les fameux passagers du *May Flower*, vont d'autant moins renoncer à leurs convictions qu'ils croient avoir été guidés par Dieu sur ces rivages. Pour eux, ils ont abordé un nouvel Éden où, loin des péchés de la vieille Europe, une seconde chance leur sera accordée. Cette névrose de la prédestination n'est pas exclusive d'un sentiment de culpabilité originelle. La quasi-élimination des nations indiennes ainsi que l'importation dans les fers et à fond de cale des ancêtres des Noirs américains ont nourri une mauvaise conscience qui a également facilité la diffusion de politiquement correct.

Cette communauté originelle, les WASP de la Nouvelle-Angleterre, a également marqué le pays d'une forte empreinte puritaine. La guerre d'Indépendance correspond à un autre épisode de l'histoire des États-Unis qui explique le succès du politiquement correct. Le rejet de la domination britannique sera le fait d'hommes libres, surtout de commerçants qui refusent de payer l'impôt à la Couronne. Ils fondent un « nous » au nom de la défense de leurs intérêts privés. Enfin, le fait que les États-Unis se remplissent de l'extérieur par des vagues successives d'immigrants permet de comprendre l'enracinement du multiculturalisme.

Les États-Unis d'Amérique forment une collection de minorités. Le sentiment d'appartenir à une minorité élue et à un peuple qui croit en sa destinée manifeste ne sont pas incompatibles.

Le politiquement correct n'est pas seulement la queue de comète idéologique des années Woodstock, conceptuellement musclé par les apports de la *French theory*, c'est aussi l'expression du vieux fonds pudibond hérité des WASP. Il faut lire les pages de Tocqueville sur l'apport des communautés religieuses à l'esprit américain. La mesquinerie ou le ressentiment qu'expriment les revendications des gays, des partisans de la théorie du genre ou de la fierté noire y sont décrits de manière prophétique. On peut également observer le couple de fermiers wasp émaciés, asexués, renfrognés, sinistres même dans la célèbre peinture *American Gothics*. Remplacez l'homme et la femme qui s'appuient sur une fourche par deux individus de couleur ou de même sexe pour saisir que les WASP hétérosexuels n'ont nullement le monopole de la pudibonderie et de l'affirmation agressive de leur supériorité.

Pour comprendre comment cette concurrence des minorités s'avère finalement compatible avec une forme de bien commun outre-Atlantique, il faut se souvenir qu'un puissant patriotisme permet à ces éléments disparates de se mêler. Le culte de l'hyper individualisme, les revendications communautaires ne sont nullement incompatibles avec un sentiment d'appartenance à une grande nation qui garantit à chacun ses droits mais dont la Constitution et le drapeau sont l'objet d'un respect quasi religieux.

Ainsi, la lutte symbolique perpétuelle à laquelle se livrent les communautés s'inscrit-elle dans l'identité politique et historique du pays et ne bouleverse-t-elle nullement son identité. L'attachement à un cadre commun divinisant la loi permet à ces collections de tribus juxtaposées de se transcender en un peuple. Le drapeau et la Constitution, mais aussi cette conviction bien ancrée que chaque individu, chaque communauté est meilleure que sa voisine, comme les États-Unis sont meilleurs que les autres nations, permettent de maintenir la concorde outre-Atlantique. Importé en Europe, ce soft totalitarisme va devenir explosif.

Une adaptation imparfaite sur le Vieux Continent

L'importation de cette mentalité typiquement nord-américaine sur le Vieux Continent s'est faite progressivement. Avant 1991, seuls quelques penseurs marginaux et quelques provocateurs professionnels revendiquent l'influence de ces modes venues des États-Unis sous la forme d'études noires ou d'études féminines. D'abord parce que, au plan conceptuel, elles n'apportent rien de nouveau et ensuite parce que les obsessions typiquement américaines qui les inspirent (reconnaissance de la fierté noire, refoulement de la sexualité et guerre des sexes) sont liées à l'histoire de l'esclavage ou à l'influence d'un puritanisme qui ne correspondent nullement aux sociétés européennes.

Quelques décennies plus tard, les minorités défendues par quelques marginaux sont désormais considérées comme des vaches sacrées par les journalistes et les grands partis de gouvernement. Les revendications de ces différentes minorités occupent le centre de l'espace politico-médiatique et semblent structurer le débat public dans la vieille Europe. Au cœur de ce processus, on trouve une volonté, plus ou moins consciente, d'imiter la puissance américaine. Nos dirigeants ont non seulement importé les modes économiques mais aussi les mœurs politiques américaines. Comme le marketing politique, la pipolisation ou le management, le politiquement correct est l'une des façons de faire et de penser téléchargée sans recul ni discernement par nos élites. L'imitation qui avait commencé avant l'effondrement de l'URSS va devenir irrésistible après l'avènement des États-Unis comme puissance hégémonique planétaire. Amplifiant ce mouvement spontané, les États-Unis consacrent, par ailleurs, d'importants budgets à des stratégies d'influence (exportations de divertissements, financement d'ONG, formation de dirigeants, etc.).

Sur un Vieux Continent qui par ailleurs organise la disparition de l'État-nation et dont les immigrants sont principalement musulmans, cette imitation du communautarisme va se révéler redoutable. Le processus d'unification européenne va à la fois accélérer le communautarisme et le rendre infiniment plus dangereux. La construction européenne a presque simultanément promu le modèle ultralibéral et le modèle communautariste américain. De ses origines à son actualité la plus brûlante, le projet d'unification du Vieux Continent n'a jamais dissimulé sa proximité à l'égard des États-Unis.

Jean Monnet fut l'un des rares étrangers décorés de la médaille du Congrès. Lors de la campagne pour le Brexit, Barack Obama n'a pas hésité à exhorter les Britanniques à voter en faveur du *remain*. L'OTAN a été consacré par les traités européens comme le bras armé de l'Union européenne. Les anciens collaborateurs des grandes banques américaines accèdent aux plus hautes responsabilités au sein de l'UE. La politique étrangère et de sécurité prônée par la Commission révèle un alignement parfait sur l'agenda du département d'État. Bref, la parenté du projet fédéral européen avec son « patron » américain saute aux yeux.

Le projet de construction européenne est un immense chantier de déconstruction des États-nations et de reconstruction en leur lieu et place d'un État fédéral fortement inspiré des États-Unis d'Amérique. Des pères fondateurs, en passant par la prééminence d'une cour de justice et d'une banque centrale indépendantes, l'existence d'un Parlement censé représenter les États et un autre les peuples jusqu'aux étoiles du drapeau, presque tout y est de la mécanique institutionnelle et juridique américaine.

La volonté mimétique est indéniable, et pourtant le téléchargement des institutions politiques et juridiques américaines est incomplet. Même dans la version la plus volontariste de l'européisme portée par certains fédéralistes, on demeure dans une version minimaliste, une pâle copie du modèle US.

La pièce maîtresse de la mécanique institutionnelle américaine manque en effet à l'appel dans les traités européens. Et cette pièce maîtresse est aussi une pierre de touche, c'est le président des États-Unis. Le locataire de la Maison Blanche incarne l'unité de la nation, il est élu à l'issue d'un scrutin certes byzantin mais qui mobilise des passions populaires. En plus d'être le chef des forces armées, il est le garant de la Constitution et le représentant de la souveraineté populaire.

Il est la clé d'un édifice institutionnel qui repose sur l'idée d'un gouvernement du peuple, par et pour le peuple. Il est l'incarnation d'une volonté qui peut changer, un « nous » quasi messianique. Le fédéralisme américain n'est donc pas qu'une simple mécanique froide, purement juridique, il repose sur un *affectio societatis* puissant, sur l'exaltation d'un peuple et sur la croyance dans le caractère quasi divin de la démocratie. Malgré la confiscation de cet appareil institutionnel au profit de grands intérêts communs aux deux camps, démocrate et républicain (le traitement politique et médiatique des « ovnis » Sanders et Trump l'a suffisamment prouvé), le système politique américain conserve sa légitimité.

La démocratie ne saurait se concevoir sans nation. Les États-Unis demeurent une nation et un peuple au patriotisme affirmé. L'affirmation du politiquement correct n'y a pas engendré de crise existentielle. Or, le projet européen ne résulte pas seulement d'une volonté d'imiter les États-Unis. La fameuse méthode Monnet, consistant à avancer en catimini, de traité en traité, pour ne pas effaroucher les peuples, mais aussi pour les empêcher de revenir en arrière, résulte d'une défiance à l'égard de la souveraineté nationale. L'Europe est fondée sur un rejet du nationalisme comme passion populaire. Ce sont les équations guerre = nationalisme = nation, et nation = passions populaires risquant de redevenir majoritaires qui fondent la légitimité du projet européen. Sans les deux immenses traumatismes, celui de la Première et de la Seconde Guerre mondiale, le projet d'unification du Vieux Continent serait resté un poème de Victor Hugo.

Aversion pour la nation et crainte de la démocratie directe forment les deux piliers sur lesquels repose l'Europe. C'est d'ailleurs ce qui relie le projet européen volontiers keynésien jusque dans les années 80 avec cette implacable broyeuse à dépenses publiques et à politiques interventionnistes qu'est devenue l'UE. Il s'agit de mettre les peuples sous le boisseau du droit supranational. Ce sont les droits des individus qui sont inscrits au frontispice de l'Europe, pas ceux des citoyens, et c'est au marché et aux juges d'en assurer la défense et la promotion. L'article 2 du Traité sur l'Union européenne dispose ainsi : « L'Union est fondée sur les valeurs de respect de la dignité humaine, de liberté, de démocratie, d'égalité, de l'État de droit, ainsi que de respect des droits de l'homme, y compris des droits des personnes appartenant à des minorités. » L'Union européenne va adopter tout un arsenal législatif contraignant et son application sourcilleuse par les juges nationaux et européens.

À côté de l'Union européenne et de sa Cour de justice qui veille au respect par les États membres de la supériorité des normes européennes sur les droits nationaux, la Cour européenne des droits de l'homme, bras juridictionnel du Conseil de l'Europe, œuvre également à l'extension constante du droit des minorités régionales, religieuses, ethniques et sexuelles. En 1992, le Conseil de l'Europe adopte une Charte européenne des langues régionales ou minoritaires pour protéger et favoriser les langues historiques régionales et les langues des minorités en Europe.

Au sein de l'Union européenne, c'est principalement au travers de la mise en œuvre du marché unique que se propage le politiquement correct. À partir des années 2000, des directives consacrées à l'harmonisation du marché de l'emploi, à l'accès à la protection sociale, aux biens et aux services ou à l'éducation interdisent aux États membres la moindre « discrimination » ou « inégalité » de traitement entre hommes et femmes, hétérosexuels et homosexuels, nationaux et étrangers, handicapés et valides, etc. Derrière ces nobles intentions, on supprimera, par exemple, le travail de nuit des femmes. On incitera les États membres à harmoniser leur législation en matière de mariage et de droit d'adoption des homosexuels afin d'éviter que la liberté de circulation à l'intérieur de l'Union ne se trouve freinée.

La construction européenne est porteuse d'une utopie sans frontières que l'on retrouve chez les militants *no border* qui aspirent à construire un espace politique qui soit un espace neutre de circulation entre personnes appartenant à des peuples différents. En septembre 2010, Viviane Reding, commissaire européenne à la

Justice, aux Droits fondamentaux et à la Citoyenneté, déclarait « vouloir déclencher une procédure d'infraction à l'égard de la France, considérant que les expulsions de Roms étaient contraires au droit de l'Union européenne ».

Plus les actes terroristes inspirés par le djihadisme frappent (11/09, attentats de Madrid, attentats suicides dans le métro et les bus de Londres, meurtre de Theo Van Gogh, assassinat de policier à Londres, attentats de Bruxelles, etc.), plus les institutions européennes se mobilisent pour lutter contre l'islamophobie, enchaînant les tables rondes, colloques, livres blancs et appels à « la lutte contre l'intolérance et les discriminations envers les musulmans » face à « certains signes de montée de l'intolérance religieuse envers l'islam et les communautés musulmanes dans les pays où cette religion n'est pas celle de la majorité de la population » et regrettant « vivement que soit véhiculée parfois une image déformée de l'islam, reposant sur des stéréotypes hostiles destinés à faire percevoir cette religion comme une menace ».

Au lendemain de l'attaque menée contre l'ambassade de France à Copenhague, le premier vice-président Frans Timmermans déclarait : « Les terribles événements qui se sont produits à Paris et à Copenhague au début de cette année ont rendu manifeste la nécessité d'agir promptement. [...] Notre responsabilité collective de vivre ensemble dans la tolérance et le respect est particulièrement importante, à un moment où nous avons l'obligation morale de donner refuge à des personnes de religions et de cultures différentes qui arrivent sur nos côtes. La diversité ne doit jamais être considérée comme une menace. Il est de notre responsabilité commune de créer et de promouvoir une société ouverte à tous. » Et Věra Jourová, commissaire à la Justice, aux Consommateurs et à l'Égalité des genres, d'ajouter : « Chaque victime d'un crime de haine ou d'une discrimination est une victime de trop. Une personne sur cinq dans l'UE appartenant à une minorité religieuse affirme avoir fait l'objet de discrimination ou de harcèlement fondés sur la religion ou les convictions au cours des 12 derniers mois. C'est inacceptable. J'exhorte les États membres à appliquer correctement la législation européenne et à prendre des mesures contre les discours de haine à caractère raciste et xénophobe et contre les crimes de haine. »

Nils Muižnieks, commissaire aux Droits de l'homme du Conseil de l'Europe, dans un communiqué de presse du 24 juillet 2012 précise : « Les préjugés antimusulmans entravent l'intégration. » Dénonçant « des lois et des politiques restrictives » prises dans de nombreux pays d'Europe, dont la France, il condamne tout particulièrement les lois interdisant aux femmes de porter le voile intégral dans l'espace public. Selon lui, ce genre de textes serait purement et simplement discriminatoire, car spécifiquement « antimusulman ». De la même façon, le vote d'une majorité d'électeurs suisses en faveur de l'interdiction de la construction de minarets constituerait une « atteinte portée à leur liberté de religion ».

Européistes et sans-frontiéristes vont tendre à séparer identité politique et identité culturelle. L'Union européenne projette à l'échelle continentale le patriotisme juridique, forme édulcorée et dépassionnée du patriotisme. Le seul acceptable par les Allemands au lendemain de la guerre. Délier le sentiment de la raison, favoriser une lettre sans esprit, des droits sans mœurs, une démocratie sans peuple, un État sans nation, cette part du soft totalitarisme est fille de la construction européenne qui par ailleurs incarne parfaitement la convergence du gauchisme culturel et du libéralisme.

L'utopie européiste vise à replacer les patries par un État supranational qui est aussi un vaste hall d'aéroport anonyme dans lequel les droits de toutes les personnes en transit seraient garantis. En réponse au vieillissement de sa population, l'Union européenne défend une politique de repeuplement du Vieux Continent. Dans le même temps, en défendant le droit des minorités, les traités européens garantissent aux nouveaux venus le droit de rester eux-mêmes en s'installant chez les autres. Plus profondément, si l'on pousse la logique de la construction européenne jusqu'à son terme, si l'union de l'Europe devait un jour être parachevée, un Italien pourrait se sentir chez lui en Pologne et un Polonais à la maison en Italie.

La construction européenne repose sur l'idée qu'en déliant appartenance politique et appartenance culturelle, on désarme les causes de conflit. En refroidissant le lien politique, en le rendant clinique, désincarné, juridique, on diminue les passions collectives, sources de haine. Mais dans les faits, plus il y a d'Europe, moins il y a de patriotisme et plus le besoin d'identité de substitution, régionale ou confessionnelle, grandit.

La France, fille malade du communautarisme

En raison de sa spécificité historique, la France a longtemps résisté à ce totalitarisme soft. En 1981, les Français élisent un président socialiste alors que le néo-conservatisme reagano-thatchérien est déjà en passe de triompher. Pourtant, sous couvert de célébration de la Révolution, le 14 juillet 1989 ressemble en réalité à une cérémonie d'adieu au modèle républicain.

Pas de bonnets phrygiens, ni de carmagnoles, encore moins de sans-culottes, mais des Chinois qui défilent en silence, des danseuses arabes, des tambours africains, des percussionnistes sénégalais, le *moonwalking* de Michael Jackson et enfin une cantatrice noire-américaine, Jessye Norman, qui entonne l'hymne national. *La Marseillaise.* Le défilé-opéra sur les Champs-Élysées pour célébrer le bicentenaire de la Révolution française le 14 juillet 1989, a des allures de pub Benetton. Pas étonnant, son chorégraphe, Jean-Paul Goude, est un publicitaire. Mais son esthétique branchée dissimule une véritable idéologie : celle de la religion du multiculturalisme et des droits de l'homme. Au lendemain de la célébration, il précise quelles étaient ses intentions : « Pour moi la Révolution, c'est d'abord les droits de l'homme, le reste n'est qu'un souvenir », ou encore : « Nous savions que nous allions célébrer la fête des tribus planétaires. » La Révolution est expurgée de sa dimension patriotique et sociale. L'universalisme républicain, fondé sur l'assimilation d'un héritage politique et culturel commun, est repeint aux couleurs du multiculturalisme étatsunien fondé sur la juxtaposition des communautés. Une trahison complète de la Révolution qui avait justement tout fait pour limiter le pouvoir des communautés. La France est une nation multiethnique, mais en aucun cas multiculturelle. « Il faut tout refuser aux Juifs comme nation et tout accorder aux Juifs comme individus », avait dit Stanislas de Clermont-Tonnerre dans un célèbre discours à l'Assemblée nationale en 1789. François Furet a préparé le terrain à cette relecture idéologique en fustigeant la vulgate « lénino-jacobine » des historiens supposément marxistes et en ne voulant retenir de la Révolution que « les droits de l'homme ». Paradoxalement, ce sont les historiens anglais ou américains qui contestent avec le plus de vigueur « le révisionnisme furetien ». Dans deux longs articles critiques parus en septembre 2004 dans la *London Review of Books* (septembre 2004), le Britannique Perry Anderson voit en Furet « le joueur de flûte intellectuel qui aurait converti l'intelligentsia hexagonale au libéral-capitalisme et, par là, affadi la culture française ».

Quatre mois après les cérémonies du Bicentenaire, le mur de Berlin chute. L'Union soviétique s'effondre, et l'utopie communiste avec elle. Un nouveau monde globalisé émerge, censé donner naissance à une humanité « festive, plurielle et métissée ». Celui-ci marque en fait le triomphe d'un individualisme consumériste en passe d'affranchir l'homme de tous les déterminismes et de détruire les nations. Dès 1992, l'essayiste néoconservateur américain Francis Fukuyama théorise ce nouvel ordre mondial dans son célèbre essai *La Fin de l'histoire et le dernier homme*. Pour lui, le modèle américain, fondé sur l'alliance du marché et des droits individuels, est le stade ultime de la civilisation. Il ne saurait y avoir d'autre modèle car, selon lui, seule la « démocratie libérale » est capable de satisfaire les aspirations humaines fondamentales. *There is no alternative*, comme le disait Margaret Thatcher.

Après avoir résisté au début de son premier mandat, François Mitterrand choisit de s'inscrire dans la fin de l'histoire. La France n'a plus vocation à éclairer le monde, mais à se fondre dans la globalisation. Ce virage a été amorcé en 1983, avec le tournant de la rigueur. Mitterrand renonce au Programme commun pour lequel il a été élu et jette son pays dans le libre-échange. Mais « le sphynx » a besoin d'une idéologie et d'un électorat de substitution pour faciliter cette conversion au néolibéralisme. Ce sera l'Europe et surtout l'antiracisme qui vont les lui fournir. Ici encore, le tournant économique s'accompagne d'un tournant culturel. Une fois de plus, libéralisme financier et libéralisme sociétal fonctionnent comme les deux faces d'une même pièce. Mitterrand troque cyniquement l'ouvrier contre l'immigré et le bourgeois-bohème. « La gauche *Globe* a remplacé la gauche *L'Humanité* », résume Marcel Gauchet dans *Comprendre le malheur français*[1]. Dans cet essai, le rédacteur en chef du *Débat* explique à quel point, au-delà du tour de passe-passe politique, le gauchisme culturel de SOS Racisme a constitué une rupture historique. Une révolution intellectuelle silencieuse qui est l'une des clés du malaise contemporain :

1. Stock, 2016.

« L'idée d'assimilation devient carrément fasciste dans ce cadre puisqu'elle consiste à exercer une violence sur des gens qui arrivent sur un territoire et à qui on demande de se plier aux mœurs de l'endroit. Elle est remplacée par l'horizon du mélange général, de la diversité heureuse, du métissage universel. Cette révolution a touché la France avec une puissance d'autant plus grande que la culture de base de ce pays est xénophile et universaliste. » Au moment même où la France devait intégrer des populations extraeuropéennes venues en masse au titre du regroupement familial, elle renonce au principe d'assimilation républicain au profit d'un fétichisme de l'Autre qui exalte les différences et les « identités particulières ». L'antiracisme des années 80 rêve d'une France cosmopolite qui ressemblerait au défilé de Jean-Paul Goude. Une France où la culture nationale se serait dissoute dans la *world culture.* Une sorte de mosaïque de « couleurs » au sein de laquelle toutes « les tribus » cohabiteraient à égalité. Dans ce schéma, l'immigré n'a plus à s'adapter à la société française. Désormais, c'est la société française qui doit se transformer pour accommoder la diversité, perçue systématiquement comme un enrichissement. Le modèle traditionnel d'assimilation avait pourtant fait ses preuves pour des générations d'Italiens, de Portugais, d'Espagnols ou de Polonais. Le paradoxe de l'antiracisme des années 80 est de renouer avec la promotion des identités ethniques, voire avec les identités raciales. Comme l'a souligné Baudrillard de manière ironique : « "SOS" est en usage courant un appel au secours : SOS Racisme nous appelle à sauver le racisme moribond en France, lapsus révélateur. » Une démarche paradoxale et dangereuse, comme le pressentait déjà le visionnaire et regretté Paul Yonnet. « La contradiction intérieure de l'antiracisme des années 80, qui mine son efficacité, est qu'il prétend lutter contre le racisme français en détruisant le principe de l'assimilation républicaine, qui avait doté la France d'une remarquable mécanique d'absorption des étrangers qu'elle voulait inclure ou qui souhaitaient s'inclure. Mécanique non sans reproches ni ratés, mais qui avait mis le pays à l'abri des déchirures et des autarcies communautaires à l'américaine, et qui lui avait permis d'être à la fois champion de l'immigration et l'un des moins racistes du monde pour s'exprimer *a minima*, écrit-il en 1993 dans son *Voyage au centre du malaise français*[1], qui lui a valu d'être l'une des premières cibles de la chasse aux réacs. Propager le racialisme et le racisme, français ou autre, c'est vouloir une chose et son contraire, et monter une opération dont les diverses issues, hélas ! ne sont que trop prévisibles. » Et le sociologue de conclure son ouvrage de manière prophétique : « Le néoantiraciste ne pouvait – et ne peut – qu'attiser le feu identitaire. »

Le délitement de la société française, révélé par la litanie des massacres de ces deux dernières années, lui donne tragiquement raison. Les attentats, qui ont été commis par des jeunes ayant grandi en France dans la détestation de celle-ci, ont fait apparaître une France divisée. Lors de la marche républicaine du 11 janvier, tout le monde n'était pas Charlie. Comme de nombreux

1. Gallimard, 1993.

comptes Twitter en témoignèrent, une partie de la jeunesse des banlieues était même « Charlie Coulibaly ». Pour cette dernière, les dessinateurs exécutés par les frères Kouachi l'avaient bien cherché. Les Juifs tués par Amedy Coulibaly sans doute aussi. Alain Finkielkraut résume d'une formule le grand paradoxe du 11 janvier : « Ce moment émouvant d'union nationale a dévoilé la réalité effrayante de la déchirure française. » Derrière le « Je ne suis pas Charlie » ou plus tard le « Je ne suis pas Paris » (heureusement beaucoup plus rare) des jeunes de banlieue, il fallait aussi entendre un « Je ne suis pas français ». Ce cri traduit leur désaffiliation de la nation française et conduit à la construction d'une identité de substitution, ce sentiment d'appartenance à la *Oumma*, la communauté des musulmans. Le slogan « Je suis français » n'a d'ailleurs jamais été utilisé après les multiples attentats qui ont frappé l'Hexagone ces deux dernières années. Les Français ont ainsi été alternativement « Charlie », « Juifs », « policiers », « Paris », « Nice », « catholiques », ou même « terrasse ». Ils ont aussi été « gays » après le massacre de la boîte de nuit homosexuelle d'Orlando aux États-Unis, mais ils n'ont jamais été « français ». Cette absence de France, même inconsciente, traduit le morcellement d'un pays soumis à la tyrannie des minorités. La dérive identitaire, voire raciste, de l'« antiracisme » des années 2000 vient également confirmer l'intuition de Yonnet. L'un des exemples les plus flagrants de cet antiracisme dévoyé est la création du Parti des indigènes de la République (PIR) qui prétend lutter contre les discriminations tout en assumant un discours profondément essentialiste.

Le PIR est né en 2004 au moment du vote de la loi interdisant le voile à l'école. L'appel des « Indigènes » de la République proclame que « la France a été un État colonial et reste un État colonial ». L'« indigénisme » (avec ce paradoxe que se déclarent « indigènes » ceux qui, justement, ne sont pas indigènes, étymologiquement « originaire du pays ». Toujours cet art de tordre les mots et de les vider de leur sens...) est un succédané ignare et caricatural du marxisme. « La lutte des races » remplace « la lutte des classes ». L'« indigène ou le musulman », le prolétaire ou l'ouvrier. Le mâle blanc occidental, le capitaliste. Le mouvement est d'ailleurs soutenu par une partie de l'extrême gauche : EELV, le mouvement Attac ou encore Alain Gresh, rédacteur en chef du *Monde diplomatique*, gravitent autour de la nébuleuse. Selon les Indigènes, les colonisés d'aujourd'hui seraient les immigrés ou les enfants d'immigrés, en particulier les musulmans victimes d'un « État français raciste et islamophobe ». Une dialectique victimaire qui nourrit la paranoïa des jeunes de banlieue, offre une explication simpliste à leurs difficultés d'intégration et les assigne à résidence identitaire, le plus souvent dans un islam fantasmé. Ainsi, aux yeux des Indigènes, un jeune homme ou une jeune femme d'origine maghrébine s'identifiant à la culture et l'histoire de France est « aliéné ». Au mieux, il ou elle souffre du syndrome du colonisé. Au pire, c'est un « collabeur ». Le titre du dernier livre d'Houria Bouteldja, *Les Blancs, les Juifs et nous*[1], annonce en quelque sorte la couleur ! On peut

1. La Fabrique, 2016.

d'ailleurs imaginer un instant un militant FN publiant « Les Noirs, les Juifs et nous » et le tollé, justifié, qu'il provoquerait. L'ouvrage est divisé en trois parties : l'une sur la « blanchité dominatrice », l'autre sur l'identité juive et, enfin, une dernière sur la question des indigènes. « Notre présence sur le sol français africanise, berbérise, créolise, islamise, noirise la fille aînée de l'Église, jadis blanche et immaculée », écrit la chef de file des Indigènes. Ou encore : « On ne reconnaît pas un juif parce qu'il se déclare juif mais à sa soif de vouloir se fondre dans la blanchité. » À l'époque de l'Allemagne nazie, certains commerces ou établissements étaient interdits aux Juifs. Au temps de l'Amérique ségrégationniste, on pouvait lire sur des panneaux « Interdit aux Noirs ». Dans la France post-Charlie des Indigènes de la République, un « camp d'été décolonial », censé former à l'antiracisme politique, est interdit aux Blancs. Lors de certaines rencontres organisées à Paris-VIII, l'université de Saint-Denis, il était précisé : « Paroles non blanches. »

La trajectoire de Dieudonné est également symptomatique d'un antiracisme devenu fou. Avant d'expliquer que « les juifs sont des négriers reconvertis dans la banque », de chanter *Shoah nanas* et d'escroquer les barbus, l'ennemi public numéro 1 de Manuel Valls a d'abord été un « humoriste citoyen » et un antiraciste militant au point d'être candidat aux législatives de Dreux contre le FN en 1997. À cette époque, Alain Jakubowicz, le président de la Licra, l'appelait encore « Dieudo ». Poursuivi pour diffamation par son ancien compagnon de route pour avoir défini le geste de la « quenelle » comme un « salut nazi inversé »,

Jakubowicz a raconté lors de son procès comment Dieudonné M'Bala M'Bala avait basculé. « Il avait un très beau projet, de monter un film sur le code noir », rappelle-t-il alors, un film pour dénoncer l'esclavage. Selon lui, c'est à ce moment précis que Dieudonné a « sombré ». « Il n'a pas trouvé les fonds nécessaires » à son projet, poursuit-il. Et s'est mis en tête que l'industrie du cinéma était entre les mains des Juifs qui voulaient financer des films « uniquement » sur la Shoah. « Puis il a sombré dans l'obsession antisémite. Je n'ai pas compris ce qui est arrivé à cet homme qui a alors changé de route. Nos victoires judiciaires contre lui sont des échecs. La véritable victoire serait que Dieudonné revienne parmi nous », conclut-il. Le cas de Dieudonné et de ses *aficionados* montre que les victimes du racisme d'hier peuvent être les racistes d'aujourd'hui et qu'un certain antiracisme conduit tout droit à la concurrence victimaire. Les lois mémorielles, notamment la loi Gayssot relative à la Shoah et la loi Taubira qui concerne l'esclavage, ont favorisé cette évolution.

La tyrannie des minorités imposée par l'utopie diversitaire des années 80 s'est accompagnée d'une tyrannie de la repentance. Tandis que la culture ou la religion des minorités étaient portées au pinacle, l'histoire et la culture française étaient « diabolisées ». Dans *L'Idéologie française* (1981), Bernard-Henri Lévy accuse la France d'avant 1914 d'avoir été « la patrie du national-socialisme » ! Le pays des droits de l'homme résumé au « ventre fécond de la bête immonde » ! « Bien sûr, nous sommes résolument cosmopolites. Bien sûr, tout ce qui est terroir, bourrées, binious, bref franchouillard ou cocardier, nous est étranger, voire odieux », pouvait-on lire dans le premier édito de *Globe* en 1985. Cette vision s'est insinuée jusque dans les écoles. Dans les programmes d'histoire, les grands hommes et le roman national ont été enterrés (officiellement au nom d'un travail historique plus objectif et détaché de toute tentation de manipulation politique), tandis que l'accent a été mis sur « les heures les plus sombres », l'esclavage et la colonisation. Ajoutons à ce lavage de cerveau la diminution constante des heures allouées à l'enseignement du français et l'on verra comment le sentiment d'appartenance nationale s'est érodé au sein d'une génération. De ce point de vue, la dernière réforme scolaire, conduite par Najat Vallaud-Belkacem, est symptomatique. Même si la jeune ministre a osé supprimer les enseignements qui étaient réservés aux enfants de l'immigration et pilotés depuis l'étranger (les ELCO), l'esprit de son texte tourne résolument le dos à l'assimilation par l'acquisition d'une culture française qui soit à la fois exigeante, attachante et rassembleuse. Sa réforme tend à noyer l'enseignement du grec et du latin dans une pédagogie « interdisciplinaire », et, dans le même temps, la ministre promeut l'enseignement de l'arabe à l'école primaire : voilà qui relève d'une conjonction de calendriers pour le moins fâcheuse. La première ébauche des nouveaux programmes d'histoire du CP à la 3e préconisait l'enseignement obligatoire de l'islam, tandis que le christianisme médiéval et les Lumières étaient optionnels. Pour le moins maladroit… ou révélateur. Pour des jeunes coincés dans un no man's land identitaire entre la culture religieuse et nationale de leurs parents qui n'est plus la leur et la culture française qui s'autodénigre, ce respect de la diversité et ce rejet du récit national sont potentiellement aliénants. « Notre jeunesse n'a entendu parler que de culpabilité de la France. Notre Éducation nationale est une éducation antinationale », résume le juriste Jean-Louis Harouel dans une formule un peu excessive mais qui n'est pas dénuée de fondements. Ce discours culpabilisateur a alimenté la haine de la France et le ressentiment de toute une partie de la jeunesse issue de l'immigration. Il a été le terreau du communautarisme et de l'islamisme. Il ne saurait être question d'expurger des programmes scolaires certaines pages sombres de notre histoire ou de censurer les avancées des historiens, mais, pour l'heure, il s'est surtout agi de refuser à l'enseignement de l'histoire dans l'enseignement primaire et secondaire son rôle de creuset national. Les rédacteurs de programmes le savent bien puisqu'ils cherchent justement à rattacher les enfants de l'immigration à une mémoire qui « leur parle » ou à tout le moins qui leur fasse une place. Ce faisant, ils feignent d'ignorer le fait qu'immigrer ce n'est pas seulement changer de géographie mais aussi d'histoire. Cette idée, finalement assez banale, suivant laquelle immigrer, c'est faire, du moins dans l'espace public, le deuil de sa culture d'origine pour embrasser celle des indigènes, est contestée au nom du multiculturalisme. Les Indigènes, les dieudonnistes et d'une certaine manière les djihadistes sont les enfants de ce multiculturalisme devenu fou, les créatures des docteurs Frankenstein de l'antiracisme.

Les élites, de gauche comme de droite, qui vivent loin des quartiers ghettoïsés et profitent des bienfaits de l'abolition des frontières, sont majoritairement acquises au modèle multiculturel. Après François Mitterrand, aucun président de la République n'a sérieusement tenté de remettre en cause ce modèle et de réhabiliter le modèle républicain assimilationniste. Jacques Chirac, il faut le souligner, a eu le courage d'interdire le voile à l'école en 2004. On peut cependant regretter sa relative soumission aux codes du politiquement correct. « Sarkozy l'Américain », un temps favorable à « la discrimination positive » et à la « laïcité ouverte », a été fasciné par le modèle anglo-saxon avant de faire de l'« identité nationale » un thème de campagne. La définition de la France faite par son ministre de l'Identité nationale, Éric Besson, laisse néanmoins transparaître une vision de l'histoire de France complètement hors sol. « La France n'est ni un peuple, ni une langue, ni un territoire, ni une religion, c'est un conglomérat de peuples qui veulent vivre ensemble. Il n'y a pas de Français de souche, il n'y a qu'une France de métissage », affirme-t-il lors d'une visite surprise à La Courneuve. Sous le quinquennat de François Hollande, le multiculturalisme a encore acquis une nouvelle dimension. La stratégie du think thank Terra Nova, qui a influencé la campagne du candidat socialiste, consistait à entériner la sortie des catégories populaires, celle de la « classe ouvrière » en particulier, de l'électorat de la gauche (en raison notamment de leur manque de « progressisme » en termes de « valeurs ») et de les remplacer par une « nouvelle coalition », censée être progressiste, elle, celle de « la France de demain » additionnant « les jeunes, les minorités et les quartiers populaires, les diplômés et les femmes ». Une logique communautariste et clientéliste qui ne pouvait que fracturer profondément le pays et jeter les classes populaires dans les bras du FN. Comme l'a expliqué le géographe Christophe Guilluy, la République une et indivisible a laissé la place à une France morcelée[1]. D'un côté la France des grandes métropoles : celle de la bourgeoisie urbaine qui plébiscite le mariage gay, profite de la mondialisation et loue la diversité. De l'autre, la France périphérique où les classes populaires, principal vivier du Front national, souffrent de l'insécurité économique, physique et culturelle liée à la globalisation. À ces deux France, on peut ajouter une troisième. Celle des banlieues en voie de désintégration où les voyous et les islamistes se partagent les territoires perdus de la République. Il n'y a plus un peuple, mais des peuples qui se font face : « bobos » contre « cathos », « Indigènes » contre « petits Blancs », « planétaires » contre « sédentaires », « kouffar » contre « muslims ». La manière dont a été traitée la question du « mariage pour tous » a également profondément divisé le pays. Cette loi, qui ne concernait qu'une poignée de personnes, a été perçue par beaucoup, en particulier les classes populaires, non comme une avancée vers plus d'égalité mais comme une concession accordée à une minorité militante. Le mariage, autrefois considéré comme une institution, a

1. *La France périphérique. Comment on a sacrifié les classes populaires*, *op. cit.*

été présenté comme un droit. Et l'homosexualité une identité ! Aux communautarismes ethnique et religieux s'ajoute désormais un nouveau communautarisme LGBT, fondé non plus sur les origines, mais sur les préférences sexuelles ! On évoque désormais la communauté homosexuelle, mais aussi la communauté lesbienne ou la communauté trans. La liste des phobies s'est également allongée. À l'homophobie s'est ajoutée la lesbophobie, la bibophobie ou encore la transphobie. Ce militantisme des droits des homosexuels inspiré de la théorie du genre de Judith Butler va souvent de pair avec un néoféminisme agressif et sectaire qui s'est notamment manifesté durant « le mouvement social » Nuit Debout. Lors de certaines réunions, les « mâles blancs » et les « cisgenres » ont été interdits de séjour. « La non-mixité choisie, ce n'est pas pour se retrouver entre femmes mais entre personnes socialement dominées et opprimées, explique une militante dans les colonnes du *Monde*, citant l'exemple du Mouvement américain pour les droits civiques qui avait décidé de créer des groupes noirs, fermés aux Blancs. On croisait également parmi les noctambules de la place de la République des Indigènes luttant contre les « coloniaux » (les Blancs et les Juifs).

Si cette idéologie, qui domine dans les universités, dans les médias et les tribunaux, a pu s'imposer avec autant de force, c'est aussi parce qu'elle s'est appuyée sur une redoutable police de la pensée capable de surveiller et punir. Le corollaire du multiculturalisme est le politiquement correct et son novlangue. Dans *1984* de George Orwell, Syme dit à Winston : « Ne voyez-vous pas que le véritable but du novlangue est de restreindre les limites de la pensée ? À la fin nous rendrons littéralement impossible le crime par la pensée car il n'y aura plus de mots pour l'exprimer. » Dans la société multiculturelle contemporaine, l'immigration est ainsi rebaptisée « diversité » ; les clandestins renommés « sans-papier » puis « réfugiés » ; les délinquants deviennent des « jeunes de banlieue » ; les ghettos urbains islamisés cèdent la place aux « quartiers populaires » ; le sexe, féminin ou masculin, est remplacé par « le genre » ; le mariage homosexuel élevé au rang de « mariage pour tous ». Le racisme est traqué avec fébrilité dans le moindre propos, quitte à interdire implicitement le débat sur certaines questions, en particulier celles qui concernent l'idéologie multiculturelle et ses conséquences. On ne cherche plus à vérifier les faits, on ignore ceux qui dérangent et on disqualifie ceux qui osent les révéler. Ainsi, si un éditorialiste comme Éric Zemmour ose avancer que de nombreux trafiquants de drogue comparaissant devant les tribunaux sont immigrés ou enfants d'immigrés, on le taxera de raciste. Si une démographe comme Michèle Tribalat s'aventure à souligner la progression de la population musulmane en France, elle ne tarde pas à être clouée au pilori pour xénophobie.

Tout aussi efficace est l'accusation de faire le jeu du FN. Dernier en date à avoir été victime de cette stratégie d'intimidation, Michel Onfray. Interrogé par *Le Figaro* à propos de la photographie du cadavre du petit Aylan sur une plage qui a conduit l'Allemagne et la France à modifier leur politique en matière d'accueil des migrants, le philosophe explique qu'il faut faire appel à la raison et ne pas céder à la dictature des images et de l'émotion. Il regrette qu'on « criminalise la moindre interrogation sur les migrants ». Cette simple réflexion de bon sens n'a pas été pardonnée par les tenants de l'idéologie multiculturaliste qui y voient une remise en cause de leur dogme. La sanction tombe et *Libération* titre : « Comment Michel Onfray fait le jeu du FN ». Dans *1984*, George Orwell imagine le rituel des « Deux minutes de la haine ». Il s'agit du moment de la journée pendant lequel le visage de l'« ennemi » de l'Angsoc, Emmanuel Goldstein, est diffusé sur des écrans. Le peuple est alors invité à laisser exploser sa rage contre cet ennemi en réalité imaginaire. Pour le régime, cette cérémonie est un moyen de canaliser et de détourner la colère du peuple. Le FN, à travers le visage de Jean-Marie Le Pen et aujourd'hui de Marine Le Pen, est le Emmanuel Goldstein de la gauche multiculturelle. « Nous vivons dans un univers de spectres, où aux fascismes imaginaires font écho des antifascismes imaginaires d'aujourd'hui », écrit André Taguieff dans *Du Diable en politique, réflexion sur l'antilepénisme ordinaire*[1].

Le FN est un épouvantail qui permet d'agiter une menace extrémiste qui n'a jamais pesé sur le pays, et surtout de diaboliser toute interrogation sur l'immigration et l'intégration des nouveaux venus. « L'argument selon lequel il ne faudrait pas dire certaines vérités car cela "ferait le jeu" de telle ou telle force sinistre est malhonnête en ce sens que les gens n'y ont recours que lorsque cela leur convient personnellement. Sous-

1. CNRS Éditions, 2014.

jacent à cet argument, se retrouve habituellement le désir de faire de la propagande pour quelques intérêts partisans et de museler les critiques en les accusant d'être objectivement réactionnaires », écrivait George Orwell. Toute personnalité remettant en cause le modèle multiculturel est accusée de faire le jeu du FN et se trouve ainsi discréditée. La disqualification par la « phobie », vieille technique de psychiatrisation de l'adversaire politique qui rappelle l'Union soviétique, est aussi une arme fréquemment employée par la police de la pensée. Les opposants au « mariage pour tous » ont ainsi été taxés d'homophobie, ce qui a permis d'escamoter un débat qui, selon les mots de Christiane Taubira elle-même, portait pourtant sur rien de moins qu'« un changement de civilisation ». Le concept piégé d'« islamophobie », qui confond le racisme antimusulman avec toute critique légitime de l'islam, a permis de rétablir une sorte de délit de blasphème. Cette accusation a pris de telles proportions qu'un intellectuel de culture musulmane comme Kamel Daoud peut lui aussi être traité d'« islamophobe ». Après la fatwa lancée contre lui par un imam salafiste algérien en décembre 2014, l'écrivain a été visé par une « fatwa laïque ». Dans une tribune publiée dans *Le Monde* le 11 février, un collectif d'une quinzaine d'universitaires lui reprochait de « recycler les clichés orientalistes les plus éculés », d'« épouser l'islamophobie devenue majoritaire », de « banaliser le racisme » et même de faire preuve de « paternalisme colonial » ! Son crime ? Un article intitulé « Cologne, lieu de fantasmes », publié le 31 janvier dans *La Repubblica* et le 5 février dans *Le*

Monde. Kamel Daoud y interrogeait le rapport aux femmes du monde arabo-musulman, et en particulier celui des islamistes. Lassé des attaques, Daoud s'en est allé cultiver son jardin et a renoncé, pour le moment, à porter la plume dans la plaie. Avec le verdict d'islamophobie, les idiots utiles ou les collabos de la gauche antiraciste ont offert un boulevard aux islamistes. Au pays de Voltaire, il est presque devenu impossible de critiquer l'islam sans être accusé de stigmatiser, d'amalgamer ou d'essentialiser des populations. Comme l'a expliqué Élisabeth Badinter : « On ferme le bec de toute discussion sur l'islam avec la condamnation absolue que personne ne supporte : "Vous êtes raciste ou vous êtes islamophobe, taisez-vous !" »

Cet antiracisme qui s'érige en totalitarisme soft au nom de la tolérance est paradoxalement en train de faire le lit d'un totalitarisme pur et dur, celui-là : l'islamisme. La révolution multiculturelle est allée de pair avec l'avènement de la religion des droits de l'homme. Dans les sociétés occidentales, les droits de l'homme et du citoyen se sont ainsi transformés en droits des individus et des minorités au mépris des intérêts nationaux et du bien commun. Les juges, en particulier les juges supranationaux de Bruxelles, ont accéléré cette évolution. Par leurs jurisprudences, ils ont créé toujours plus de nouveaux droits fondamentaux, traquant au passage les discriminations jusqu'à l'obsession. L'islam politique s'est engouffré dans cette brèche pour peu à peu imposer sa norme. « L'islamisme a un certain génie stratégique : il mise sur les droits consentis par les sociétés occidentales pour les retourner contre elles, explique le sociologue canadien Mathieu Bock-Côté, auteur d'un formidable essai intitulé : *Le Multiculturalisme comme religion politique*[1]. Il se présente à la manière d'une identité parmi d'autres dans la société plurielle : il prétend s'inscrire dans la logique du multiculturalisme, à travers lui, il banalise ses revendications. Il instrumentalise les droits de l'homme pour poursuivre l'installation d'un islam radical dans les sociétés occidentales et parvient à le faire en se réclamant de nos propres principes. Il se présente à la manière d'une identité parmi d'autres qui réclame qu'on l'accommode, sans quoi il jouera la carte victimaire de la discrimination. C'est très habile. À travers cela, il avance, il gagne du terrain et nous lui cédons. Devant cela, nous sommes moralement désarmés. »

Le juriste Jean-Louis Harouel, auteur lui aussi d'un remarquable essai, *Les Droits de l'homme contre le peuple*[2], enfonce le clou : « L'islam ne manque jamais d'utiliser l'arme des droits de l'homme pour contraindre les pays européens à adopter un profil bas face à la population musulmane qui y vit. Sous couvert de non-discrimination et de respect de la liberté religieuse, c'est une civilisation antagoniste de la civilisation européenne qui poursuit son entreprise de conquête et de domination. » Certains islamistes ne prennent pas même la peine de dissimuler leurs intentions. Le cheikh Youssef al-Qaradawi, l'un des principaux membres de l'UOIE (Union des organisations islamiques européennes,

1. Cerf, 2016.
2. Desclée de Brouwer, 2016.

proche des Frères musulmans), déclarait ainsi en 2002 : « Avec vos lois démocratiques nous vous coloniserons. Avec nos lois coraniques nous vous dominerons. »

Le port du burkini s'inscrit parfaitement dans cette stratégie de conquête du territoire par la conquête des droits. Derrière la tenue de bain islamique, il y a une volonté de marquer la présence physique du salafisme en France, de rendre visible l'islam politique. Les femmes qui le portent ne sont pas dans l'observance d'un précepte religieux, elles sont engagées dans une forme de djihad civilisationnel. Il s'agit pour elles de manifester de manière spectaculaire leur rejet de la civilisation occidentale. Après le massacre de Nice, les Français ont été légitimement choqués par ce qu'ils considèrent à juste titre comme une indécente provocation identitaire. Mais comme toujours, les islamistes se sont réfugiés derrière les libertés individuelles et les droits de l'homme pour imposer le burkini. Et comme toujours, les juges leur ont donné raison en vertu du principe de non-discrimination. Paradoxalement, le Conseil d'État a ainsi entériné juridiquement une pratique qui consacre l'infériorisation des femmes au nom même des droits de l'homme. « Visant à empêcher toute discrimination à l'égard de personnes de confession musulmane, l'invalidation par le Conseil d'État de l'arrêté antiburkini de Villeneuve-Loubet entérine paradoxalement une des très grandes discriminations inhérentes à l'islam : celle qui s'applique aux femmes, résume Jean-Louis Harouel. En favorisant au nom des droits de l'homme la conquête de notre pays par la civilisation arabo-musulmane, le Conseil d'État jette pudiquement le manteau de Noé sur le caractère structurellement ultra discriminatoire de l'islam. »

La pression islamiste a commencé à se manifester dans les années 80 au moment même où la France abandonnait le modèle républicain pour le modèle multiculturaliste. Les Frères musulmans ont tout de suite perçu les failles de ce nouveau modèle et compris que la disparition des grandes idéologies offrait un espace inespéré à l'islam politique comme utopie de substitution. L'affaire du foulard islamique des collégiennes de Creil en octobre 1989 a été un tournant. « La première "affaire du voile" a été soutenue et publicisée par l'UOIF (branche française des Frères musulmans à l'automne 1989), rappelle Gilles Kepel dans *Quatre-vingt-treize*[1]. La France fêtait le bicentenaire de la Révolution, tandis que le mur de Berlin tombait en entraînant dans sa chute le communisme qui socialisait encore beaucoup de jeunes d'origine immigrée en banlieue, et après que l'affaire Rushdie avait dopé la dynamique communautariste outre-Manche. »

Dès cette époque, un certain nombre d'intellectuels laïques s'inquiètent de la naïveté de la gauche morale et mettent en garde contre l'instrumentalisation des droits de l'homme à des fins politico-religieuses. Prophétique, dans *Le Monde* du 25 octobre 1989, Alain Finkielkraut s'insurge à la fois contre les islamistes et les « apôtres de l'identité culturelle » qui « retournent les droits de l'homme contre l'école laïque et contre la culture comme monde commun en confondant droit

1. Gallimard, 2012.

de l'homme et droit des tribus ». À ses yeux, la « France républicaine » s'efface au profit de la « France tribale ». Lionel Jospin, alors ministre de l'Éducation, refuse de trancher la question et abandonne le terrain politique pour le terrain juridique en sollicitant l'avis du Conseil d'État. Le 27 novembre 1989, celui-ci rend un avis : le port de signes religieux à l'école « n'est pas, par lui-même, incompatible avec la laïcité », à condition qu'il ne soit pas « ostentatoire et revendicatif ». La décision de refus d'admission peut être prise, si besoin est, au cas par cas, dans le cadre des attributions normales des représentants de l'Éducation nationale. Cet avis est jugé trop flou, notamment par les syndicats des chefs d'établissement scolaire. La carence de l'État fera perdre quinze ans à la France. Il faudra attendre la multiplication des cas et la loi sur la laïcité en 2004 pour que le voile soit interdit à l'école. Entre-temps, les islamistes n'ont cessé de gagner du terrain.

Depuis les années 80, l'UOIF a assis son emprise idéologico-politique. Alors que la crise n'a cessé de s'aggraver et le chômage de battre des records, l'organisation a structuré un réseau d'associations qui œuvrent dans tous les domaines de la vie sociale, sur l'ensemble du territoire et particulièrement dans les quartiers dits sensibles. Le voile étant aujourd'hui prohibé dans les écoles publiques, les Frères musulmans étendent leur influence sur les écoles confessionnelles transformées, pour l'occasion, en laboratoire de l'islamisme. Depuis les années 2000, l'UOIF et les Frères musulmans sont cependant débordés par de plus radicaux. Ils ont préparé le terrain aux salafistes dont la lecture du Coran est plus littéraliste et la stratégie plus brutale. Les salafistes partagent avec les Frères musulmans un même objectif d'islamisation de la France et un même rêve de califat mondial. Mais contrairement à ces derniers, ils n'ont pas de structure institutionnelle comme l'UOIF. Pas non plus de grands leaders médiatiques et charismatiques, tel Tariq Ramadan. Leur stratégie est celle de la contamination oblique et lente, par le bas. Petit à petit, ils grignotent une cité, un quartier, puis une ville entière, et enfin se taillent de véritables enclaves à l'intérieur du territoire. Ils y imposent leurs marqueurs politico-religieux. Le voile intégral est un symbole idéologique pour véhiculer un message d'occupation du territoire et des esprits, un drapeau derrière lequel se rangent les militants de l'islam politique. Le halal en est un autre. Plus qu'une simple habitude alimentaire, il s'agit d'un instrument d'affirmation culturelle. Certains quartiers sont ainsi entièrement halalisés pour mieux souder et enfermer la communauté. Selon le ministre de la Ville Patrick Kanner, la France compterait ainsi une centaine de « Molenbeek ». Du nord au sud, de Roubaix à Lunel, le salafisme étend son emprise dans les quartiers ghettoïsés devenus autant de petits Raqqa.

L'hypothèse d'une islamisation complète de la France à la manière de *Soumission* de Houellebecq paraît peu probable. Les îlots allogènes et hostiles que nous connaissons déjà dans les banlieues pourraient cependant s'étendre et se transformer en archipels puis en pans entiers du territoire. Dans son livre, *Une révolution sous nos yeux*[1], Christopher Caldwell explique comment l'islam va transformer la France et l'Europe : « Il est sûr que l'Europe sortira changée de sa confrontation avec l'Islam. Il est bien moins sûr que ce dernier se révèle assimilable. »

Deux totalitarismes pourraient alors se faire face. D'un côté, le totalitarisme vert qui se nourrit du vide métaphysique et culturel de l'Europe consumériste et diversitaire. L'islamisme qui fabrique des fanatiques. De l'autre, un totalitarisme de la technique et des normes qui s'épanouit petit à petit dans les mégalopoles planétaires sous l'égide des multinationales. Un totalitarisme soft qui fabrique un petit homme déraciné, un consommateur docile et passif coupé de ses attachements vitaux. Et peut-être demain un homme nouveau augmenté comme en rêvent les docteurs Frankenstein du transhumanisme. Cependant, il n'est pas exclu que ces deux totalitarismes convergent. « On peut se demander avec raison si l'islam ne serait pas le terme dialectique d'une Europe techno-libérale qui a rejeté ses racines gréco-latines et ses ailes juive et chrétienne, s'interroge Fabrice Hadjad dans le FigaroVox[2]. Comme cette Europe ne peut pas vivre trop longtemps sans Dieu ni mère, mais comme, en enfant gâtée, elle ne saurait revenir à sa mère l'Église, elle consent finalement à s'adonner à un monothéisme facile, où le rapport à la richesse est dédramatisé, où la morale

1. Éditions du Toucan, 2011.

2. « Les djihadistes, le 11 janvier et l'Europe du vide », FigaroVox, 20 janvier 2015.

sexuelle est plus lâche, où la postmodernité hi-tech bâtit des cités radieuses comme celles du Qatar. Dieu + le capitalisme, les houris de harem + les souris d'ordinateur, pourquoi ne serait-ce pas le dernier compromis, la véritable fin de l'histoire ? » Cette hybridation est déjà à l'œuvre chez les djihadistes 2.0. Une kalach ou un couteau dans une main, un smartphone dans l'autre, ces fans de jeux vidéo et de téléréalité postent les images de leurs crimes sur Facebook et Twitter. Bienvenue dans le meilleur des mondes postmodernes : entre la charia et Google, Daech et YouTube, Big Brother et le burkini.

Conclusion

Le local doit s'imposer sur le global

« On ne résout pas les problèmes avec les modes de pensée qui les ont engendrés. » Albert Einstein parlait d'or. Pourtant, c'est bien cela qu'on nous propose. Un libre-échange débridé et une globalisation sans entraves nous conduisent à l'impasse, pour ne pas dire à l'abîme. Et il y a bien des similitudes entre ce début du troisième millénaire et ce que le monde a connu voilà un siècle, avec une première globalisation. On sait comment cela s'est achevé, un beau jour d'août 1914. On ne rappellera jamais assez que ce ne sont pas les États-nations qui furent, alors, fauteurs de guerre, mais bien les intérêts divergents de puissances lancées dans une course mercantiliste. Mais le travers est solidement ancré. Plutôt que de réfléchir aux voies et moyens pour se sortir de l'impasse économique, sociale et politique dans laquelle les démocraties occidentales s'enfoncent, les élites nous disent « encore ». Encore plus de globalisation. Encore plus d'uniformisation. Comme ces dirigeants soviétiques qui, voyant s'effondrer leur modèle, soutenaient mordicus que, si le paradis communiste n'était pas aussi radieux qu'espéré, c'est parce qu'on n'était pas allé assez loin dans la révolution marxiste et l'arasement de l'ancien monde.

Voilà pourquoi les traités de libre-échange, du CETA au TAFTA, en passant par le TISA et autres accords bilatéraux, sont au centre du projet de tous ceux qui croient que le monde n'a pas d'autre alternative. Et leur première arme, dans un univers gouverné par la communication, ce sont les mots. Des mots vidés de leur sens, amputés de toute complexité, des mots réduisant la réalité au choix du Bien contre le Mal. « Le but du novlangue, écrit George Orwell dans l'appendice à *1984*, était, non seulement de fournir un mode d'expression aux idées générales et aux habitudes mentales des dévots de l'angsoc, mais de rendre impossible tout autre mode de pensée. Il était entendu que lorsque le novlangue serait une fois pour toutes adopté et que l'ancilangue serait oublié, une idée hérétique – c'est-à-dire une idée s'écartant des principes de l'angsoc – serait littéralement impensable, du moins dans la mesure où la pensée dépend des mots. » En langage politique contemporain, cela se traduit donc par des alternatives : entre ceux qui croient à l'ouverture et ceux qui veulent la fermeture, entre progressistes et conservateurs, populistes et réalistes. Puissance des mots, des anathèmes, des simplifications hâtives et abusives.

Ce sont les responsables d'une croissance anémique, d'un chômage endémique, d'un endettement exponentiel, d'une épargne spoliée, d'un creusement des inégalités sans égal depuis un siècle, de la paupérisation des classes moyennes occidentales, qui voudraient nous faire croire qu'ils sont un modèle de vertu. Cette querelle sémantique cache des réalités. L'ouverture dont ils se gargarisent est un faux-semblant. C'est une ouverture pour ceux qui s'extraient des lois communes et ne veulent subir aucune régulation. Toujours plus de libre-échange, toujours plus d'optimisation fiscale, toujours plus de démantèlement de systèmes de protection de toutes sortes. Au nom de la bonne conscience et en brandissant des droits individuels. Chacun sait pourtant, depuis le XVIIIe siècle, que la liberté de chacun s'arrête là où commence la liberté de l'autre, mais surtout que le bien commun n'est pas la somme des intérêts individuels. C'est le principe même de toute société vivable. Or, derrière cet hymne aux droits individuels se cache la volonté d'en finir avec tous les droits collectifs. C'est le triomphe du minoritarisme. Chaque minorité, aussi petite soit-elle, a des droits qui s'imposent aux autres, donc à la majorité. C'est ainsi que le monde anglo-saxon mène un combat sans relâche contre le modèle français, contre le principe de la laïcité et même de la République. Il faut lire les charges à répétition du *New York Times*, très représentatif de ces milieux bien-pensants de la côte Est, de Wall Street et de la Silicon Valley. En voulant réglementer le port du voile, du burkini, en refusant le communautarisme, nous serions d'épouvantables xénophobes, coupables d'opprimer la minorité musulmane et toutes les minorités d'une façon générale. En voulant taxer Apple et ces nouveaux maîtres du monde que sont les GAFAM et autres NATU, nous serions des passéistes incapables de comprendre la grandeur d'âme et l'hymne au progrès des docteurs Folamour de la Silicon Valley.

Derrière ce combat il y a une volonté : celle d'imposer un nouvel ordre mondial où l'économique – c'est-à-dire les multinationales – et les marchés remplacent les États, les politiques, les corps intermédiaires qui ont structuré les sociétés occidentales au XIXe et au XXe siècle. Un nouvel ordre mondial, où le droit n'est plus écrit, mais change au gré de l'évolution de la jurisprudence… anglo-saxonne. Où le plus riche a plus de chance de gagner un procès. Où l'insécurité juridique et fiscale devient la norme. Sauf pour ceux qui ont les moyens de s'adapter en permanence. Un nouvel ordre mondial où la technologie numérique nous esclavagise, nous lobotomise chaque jour un peu plus. Alors que la technologie doit être au service de l'homme et non une fin en soi.

Un autre monde est possible. Entendons-nous bien, il n'est pas question de remettre en cause les vertus de l'économie de marché. Ni de revenir à on ne sait quel collectivisme à la mode soviétique ou nord-coréenne. Ou pis encore, à l'économie administrée du fascisme de l'entre-deux-guerres. Pas question non plus de se morfondre dans la nostalgie des Trente Glorieuses et du keynésianisme triomphant. Il s'agit tout simplement de reconnaître que, si l'économie de marché est celle qui permet le mieux de valoriser les capacités de chacun pour le bien de tous, encore faut-il établir des règles, des régulations, pour en éviter les inéluctables dérives.

Là encore, une précision sémantique s'impose pour éviter les faux procès. Ce dont nous souffrons aujourd'hui, ce n'est pas d'un excès de régulation, ni d'un manque de régulation, mais d'une mauvaise régulation. On multiplie presque à l'infini les normes, les interdictions, les contraintes, pour le citoyen. Mais cette inflation administrative doublée d'un contrôle social des individus par la restriction permanente de leur autonomie n'a rien à voir avec une quelconque régulation. Au contraire, elle est inversement proportionnelle à la capacité qu'a désormais l'État de régir et de fixer les règles. Car, dans le même temps, on démantèle ce qui relevait des missions fondamentales de l'État et qui pouvait protéger les citoyens, des frontières aux systèmes de protection sociale. C'est un défi permanent dans un monde qui ressemble à une jungle. Avec ces images qui reviennent en boucle et nous obsèdent. Celles d'un Liban où, hier, les religions coexistaient, tout comme en Yougoslavie ou même en Syrie. « Estimez-vous heureux de ne pas subir le sort de ces pays. » Sous-entendu : « Si vous n'acceptez pas le nouvel ordre des choses, vous pourriez bien demain être comme ces migrants que vous renaclez à accueillir. »

Oui, un autre monde est possible à condition d'analyser en profondeur les dérives de l'actuel système et de proposer de nouvelles orientations. Tant au niveau international, européen que français. Cela implique que nos futurs dirigeants aient une vision du monde à la fois réaliste et utopiste. Utopiste parce que réaliste, capable d'imaginer un avenir meilleur parce que lucide sur les dérives du présent, quand le pragmatisme dont se réclament la plupart des élites occidentales n'est que l'acceptation du présent sans la moindre anticipation sur ses conséquences futures. En juin 1940, le pragmatisme, c'est le choix de Pétain, incapable d'envisager ce qui dépasse le constat immédiat.

Choisir l'avenir, cela commence par la remise en cause de la double hégémonie qui nous étouffe : celle des États-Unis et de ses multinationales, et d'une Allemagne d'Angela Merkel qui ne peut rien refuser aux Américains. La bataille du TAFTA est essentielle. Si l'UE le ratifie, nous aurons perdu toute marge de manœuvre et l'histoire se terminera tragiquement. Il ne s'agit pas de renoncer au libre-échange, mais d'établir les règles pour des échanges loyaux et équilibrés. La France doit ainsi militer pour l'élaboration d'un nouveau Bretton Woods monétaire. Où le dollar ne serait plus l'étalon ; où le marché des changes obéirait à quelques règles limitant le dumping monétaire.

Pour que la voix de la France soit entendue un peu mieux qu'aujourd'hui, il faut aussi une double condition. Remettre de l'ordre chez nous et avoir une stratégie à long terme, une politique étrangère autonome. Non qu'il faille forcément remettre en cause notre adhésion à l'Union européenne, ou les bonnes relations avec les États-Unis. Mais la politique étrangère de la France – et qui sait, demain, d'une Europe repensée sur d'autres bases – ne doit pas se décider à Washington. Nos intérêts ne sont pas toujours les mêmes. La Russie ne peut être ostracisée. Quant à la Chine, il faut cesser de lui faire la leçon sur ce qu'elle considère relever de sa souveraineté, mais lui faire comprendre aussi que le dumping, sous quelque forme que ce soit, n'est pas acceptable. Il y a beaucoup à faire avec la Chine, dès lors que chacun respecte l'autre. *Idem* pour la Russie. Il ne s'agit pas d'être naïf, mais réaliste. L'Europe n'a pas à se laisser entraîner dans des conflits qui ne sont pas les siens.

En revanche, l'Europe en tant qu'idée, et à condition que l'Union européenne réforme totalement ses structures, se recentre sur un noyau dur, peut apporter au monde un nouveau modèle. À base de multipolarité ou des ensembles, des États coexistent et coopèrent, tout en ayant d'autres systèmes politiques, sociaux, voire économiques. Fruits d'histoires, de cultures différentes. En ce sens, nous divergeons aujourd'hui des Anglo-Saxons, qui prônent l'uniformisation autour de leur modèle. Nous divergeons, bien évidemment aussi, de cet islamisme radical qui entend imposer à tous sa vision du monde. Deux modèles qui donnent parfois l'impression d'une alliance objective. On préfère, dans les médias occidentaux, ostraciser la Chine de Xi Jinping et sa répression de la minorité musulmane ouïgour. On préfère diaboliser Vladimir Poutine. Sans parler de l'Iran, où certains à Washington et à Ryad jouent la politique du pire, afin de rendre inopérant l'accord sur le nucléaire et de faire perdre la face aux modérés iraniens. Là aussi, on veut nous obliger au manichéisme. D'un côté, le Bien. De l'autre, le Mal. C'est là où la France pourrait, si elle le voulait, apporter son message. Pour qu'il porte, notre pays doit faire comprendre aux Européens trois choses. D'abord qu'ils doivent se doter des moyens de se défendre seuls. Sans compter sur les États-Unis. Ce qui pose la question de l'OTAN. Ensuite, ils doivent favoriser l'émergence de champions dans toutes les nouvelles technologies, afin de ne pas en laisser le monopole aux Américains. Enfin, ils doivent définir une politique migratoire cohérente. Oui, à l'immigration choisie. Oui, au droit d'asile pour les véritables réfugiés politiques. À une condition : que ceux qui souhaitent venir acceptent les us et coutumes des pays où ils se rendent. L'Europe n'est pas le Canada, ni même les États-Unis. Dans le contexte actuel, il faut absolument dégonfler les vagues migratoires. Même si cela passe par des mesures et des actions douloureuses, qui susciteront l'opprobre de la bien-pensance. C'est à ce prix que l'on évitera des affrontements, dont on ne sait où ils pourraient conduire.

La meilleure solution pour poursuivre de tels objectifs serait de refonder l'Union européenne. Ou de la quitter, car il vaut mieux parfois un bon divorce qu'un mauvais mariage. Refonder l'Europe est une lourde tâche. Insurmontable, diront certains. Ce n'est pas une raison pour ne pas essayer. Rejeter la forme actuelle de l'UE ne signifie nullement que l'on rêve de s'enfermer à l'intérieur de ses frontières, caricature que véhiculent tous ceux, et ils sont largement majoritaires dans les milieux médiatico-politiques, qui jouent le *statu quo* ou le chaos. La France doit relancer l'idée d'une Europe indépendante, qui entend être maîtresse chez elle. Inaudible il y a vingt ans, et même encore dix ans, ce discours a plus de chances d'être entendu aujourd'hui chez nos partenaires. Encore faut-il ne pas rejeter ceux que l'on qualifie, le plus souvent à tort, de populistes, voire d'extrémistes de droite. L'idée d'une Europe véritablement indépendante peut faire consensus dans un certain nombre de pays. Les pays baltes s'y opposeront. Quelques autres aussi sans doute. Notamment un pays comme l'Irlande qui, avec sa fiscalité dérogatoire, a clairement choisi le camp des multinationales américaines. D'où l'idée d'un noyau dur. Car l'Europe, l'idée européenne, n'implique pas nécessairement la vassalisation que l'on observe aujourd'hui. Enfin, un quatrième chantier doit être abordé : celui de la fiscalité.

Le cas d'Apple en Irlande est exemplaire. Il donne la mesure des sommes en jeu. Ces centaines de milliards d'euros d'impôts que ces multinationales n'ont pas versés aux grands pays européens, ces multiples exemptions fiscales que chaque pays accorde à de riches investisseurs (par exemple, le Qatar en France) ont, en réalité, été payés par le contribuable européen, notamment les classes moyennes et les PME. Bref, par tous ceux qui ne peuvent pas, et souvent ne veulent pas, échapper à l'impôt. Car l'impôt est aussi un des éléments de la citoyenneté. Il ne peut pas y avoir deux poids, deux mesures dans ce domaine. Voilà pourquoi la fiscalité, l'élaboration de nouvelles règles pour les multinationales doivent être au centre du projet européen et des propositions que la France pourrait faire. Obligation, pour tous les grands groupes, comme le suggère l'OCDE, de publier leurs comptes, pays par pays (chiffre d'affaires, bénéfices, impôts, effectifs). Application du principe selon lequel l'impôt est dû, là où la vente et la valeur ajoutée se réalisent. Internet et le numérique ont favorisé ces optimisations fiscales. De la même manière, Internet et les algorithmes doivent permettre de tracer les échanges et d'adapter la fiscalité.

Une Europe – et si cela n'est pas possible, une France – indépendante doit négocier pas à pas avec ces multinationales qui ont perdu l'habitude de trouver face à elles des interlocuteurs déterminés. Il faudra donc réglementer sévèrement les activités de lobbying et procéder à quelque ménage dans la haute administration, tant à Bruxelles qu'au sein des États membres. Car, comme le disait Einstein : « On ne résout pas les problèmes… »

Refus du TAFTA, défense et politique extérieure indépendantes, fiscalité harmonisée, immigration contrôlée, régulation des multinationales… À cela doit s'ajouter un changement de paradigme, pour revenir à l'essence même de la naissance du Marché commun : la préférence communautaire avec l'émergence de champions capables de concurrencer les géants du Web américains et chinois. Cela passe par une politique dynamique de l'innovation et de l'investissement dans le numérique. Et plus généralement dans la modernisation de nos économies. Là aussi, il n'est pas question de dresser des murs, d'ériger une ligne Maginot, mais de jouer à fond les atouts que nous avons, de nouer des alliances et de favoriser… la concurrence. Bref, de prendre au mot les thuriféraires de Milton Friedman et de Schumpeter : oui à la concurrence, non aux monopoles. C'est ce qu'ont fait les Chinois, ce que tentent de faire les Russes. Pourquoi la France, l'Europe ne feraient-elles pas de même ? Là aussi, c'est une question de volonté. Peut-on réunir quelques pays européens autour d'un tel programme ? Ce sera difficile. Mais lorsque l'on voit, élection après élection, la montée du rejet d'un système européen dans l'impasse, ce ne devrait pas être impossible. Dans la plupart des pays membres, d'autres majorités sont possibles autour d'un nouveau concept européen : une confédération d'États-nations qui respecte la souveraineté de chacun mais protège et défend les citoyens qui en font partie. Il faut pour cela être prêt à jouer le rapport de force. La politique de la chaise vide, aurait dit le général de Gaulle. En tout cas, cela nécessite d'être suffisamment sûrs de la légitimité de la France pour menacer sans complexe de quitter la table.

Une chose est sûre : la France n'a aucune chance de convaincre ses grands partenaires, à commencer par l'Allemagne et l'Italie, si elle ne procède pas à un *aggiornamento.* Il ne s'agit pas de réformer pour réformer. Ni de casser ce qui reste de notre modèle économique et social pour se conformer à la pensée dominante. Il faut expliquer que libéralisme et protection ne sont pas forcément antinomiques. Oui aux règles du marché. Non à la loi de la jungle. Voilà l'enjeu. À cet égard, la question monétaire est centrale. On oublie qu'avant de soumettre notre économie à une rude adaptation le général de Gaulle commença par dévaluer notre monnaie de 30 %. Là encore, soit nous pourrons persuader nos partenaires, soit nous devrons prendre nos responsabilités. Après tout, l'Europe n'est pas une fin en soi mais un moyen. Et c'est *a fortiori* le cas de l'euro. Après une phase intense de dérégulation, il est temps de rentrer dans une époque de re-régulation. Comme le monde a évolué, que la troisième révolution industrielle bouscule tous les schémas établis, il faudra en passer par de nouvelles régulations et pas seulement se crisper sur les anciennes. D'où l'importance de l'éducation et de la formation des hommes. D'où la nécessité pour la France de montrer l'exemple en matière de défense.

Au-delà du combat de coqs des primaires, quelques idées intéressantes émergent ici et là. Ainsi, Arnaud Montebourg a raison de proposer un service national obligatoire de six mois. C'est le moyen de resocialiser certains jeunes ; d'isoler les terroristes putatifs ; d'obliger ceux qui ont la double nationalité à choisir. Pour être français, il faut faire son service national, sinon on opte de fait pour l'autre nationalité. Avec tout ce que cela implique. Un service national mixant maniement des armes et protection civile. Il y aurait là l'armature d'une future garde nationale. Le budget de la Défense doit être sensiblement augmenté. Tout comme celui de la sécurité. La première tâche d'un gouvernement n'est-elle pas d'assurer la protection des biens et des personnes dont il est le mandant ? La seconde étant de leur assurer une vie décente. D'où l'importance des systèmes de protection sociale. Ils doivent être révisés, ne serait-ce que pour tenir compte de l'allongement de la durée de vie, mais ils doivent être préservés pour l'essentiel. En revanche, ces systèmes ne doivent pas – ne doivent plus – être un produit d'appel pour l'immigration du monde entier. Le sujet est explosif. On ne peut pas l'esquiver.

Le prochain gouvernement doit élaborer un projet cohérent et le proposer à ses partenaires européens. Il doit surtout faire comprendre à tous que, si la France est consciente de la nécessité de s'unir entre pays amis, elle n'a pas besoin de cette Union actuelle, qui la ruine. Mais il doit aussi immédiatement prendre les mesures drastiques pour redonner confiance et relancer la machine économique. Dans un premier temps, il ne faut rien attendre des multinationales qui feront tout pour éviter de nouvelles régulations. En revanche, on peut encore miser sur le capital national. À condition de ne pas l'ériger en ennemi et de l'associer pleinement à un nouveau pacte sur le partage de la valeur ajoutée et des richesses. D'où l'importance d'une réforme fiscale.

L'objet de cet ouvrage n'est pas de définir un programme dans le détail, mesure par mesure. Une chose est sûre : l'objectif de 3 % de déficit budgétaire n'est pas atteignable en l'état. On ne peut pas augmenter un certain nombre de dépenses de souveraineté, réformer de fond en comble l'Éducation nationale, relancer l'investissement là où depuis vingt ans nous n'avons cessé de désinvestir, favoriser l'émergence de start up et faire en sorte qu'elles ne soient pas systématiquement absorbées par les GAFAM et autres NATU, réduire globalement la pression fiscale, tout en respectant les fameux critères de Maastricht. Avant que cette nouvelle politique porte ses fruits, il y aura une période de transition, qui se traduira par un accroissement des déficits. Mais n'est-il pas préférable de favoriser la création de richesses futures au détriment des richesses passées ? Et puis il arrive un moment où il faut savoir prendre ses pertes, comme dit l'autre. Autant dire qu'il faudra transformer une partie de la dette publique en une dette perpétuelle, assortie d'un taux d'intérêt positif hors inflation (autour de 2 %, ce qui correspond à la rentabilité historique du capital).

Paradoxalement, le numérique et l'émergence de cette société de l'iconomie[1] peuvent nous aider à

1. L'iconomie est un terme utilisé pour définir l'économie du troisième millénaire fondée sur Internet, l'utilisation massive de

reconquérir une certaine indépendance et retrouver de nouveaux chemins de croissance. À une condition : que le local et le mondial s'imposent sur le global. Le local, ce sont les circuits courts qui permettent au producteur et au consommateur de retrouver des produits bon marché de qualité. C'est particulièrement vrai pour l'agriculture qui doit redevenir le domaine d'excellence de la France. Car il n'est pas de France, au sens historique et culturel du terme, sans une agriculture puissante, et surtout diverse. Puissante, parce que diverse et de qualité. On a là l'illustration absolue du caractère destructeur de cette uniformisation à partir des techniques industrielles. Ce qui a fait la richesse de l'agriculture française (et la grandeur d'une France qui, quoi qu'il arrive, pouvait nourrir sa population et ses armées), c'est la spécificité de ses terroirs, c'est-à-dire une dimension non reproductible. Parce que nos produits sont uniques, ils ne sauraient être concurrencés par des produits bas de gamme ne respectant aucune norme environnementale, sociale, et surtout gustative. Aujourd'hui, les appellations d'origine constituent un des premiers postes de notre commerce extérieur. Et ce sont également les productions qui créent le plus d'emploi.

Encore faut-il que la grande distribution n'impose pas sa logique *low cost* à la totalité de notre tissu économique. Les dernières crises laitières nous ont montré une entreprise, Lactalis, capable de faire des marges de

l'informatique et l'intercommunication de l'ensemble des produits technologiques.

10,5 % sur le dos d'agriculteurs au bord du gouffre, capable de les pousser au suicide avec la morgue la plus absolue, payant leur lait 25 centimes le litre quand il leur coûte plus de 30 à produire, et alors que certaines petites laiteries payent le leur 40 centimes pour faire vivre leurs éleveurs. Lactalis, qui est fier de faire tourner son usine de « camembert » Président, produisant des dizaines de milliers de fromages par jour, avec… deux salariés.

Cette logique de monopole, associée à la pression de la grande distribution qui pousse l'industrie agroalimentaire à réduire toujours les coûts de production, quitte à renoncer au goût, à la qualité, et souvent aux précautions minimales quant à la santé du consommateur et à la préservation de l'environnement, cette logique est non seulement ruineuse à long terme, pour réparer les dégâts, mais aussi à court terme, puisqu'elle tue notre agriculture alors que se dessine dans le monde entier une politique d'accaparement des terre arables par les puissances les plus prévoyantes.

Limiter les appétits de la grande distribution (qui détruit non seulement notre agriculture mais aussi notre petit commerce et donc le tissu social qui permet à notre société de nouer des solidarités, de dessiner un destin commun) ne se fera que par une prise de conscience des élus (et notamment ces élus locaux qui se laissent si facilement convaincre d'ouvrir une énième grande surface pour quelques emplois gagnés, sans jamais comptabiliser les emplois détruits autour) mais aussi par une prise de conscience des consommateurs. Qu'ils sachent que chacun de leurs choix quotidiens plébiscite un modèle plutôt qu'un autre, et préserve ou détruit un emploi, sauve ou tue un agriculteur.

Les grands groupes ont leur place dans ce nouveau modèle économique, à condition de privilégier le local, de respecter les différentes identités d'un monde multipolaire et non plus global. Il faut une prise de conscience, et même une révolte du consommateur, mais aussi de tous les corps intermédiaires, de cette classe moyenne qui forment le substrat de notre société et qui refusent de dériver lentement mais sûrement vers un soft totalitarisme.

Les propositions qui précèdent n'ont rien d'utopiste. Elles reposent sur des analyses économiques et politiques précises et qui n'ont rien non plus de fantaisiste. Mais surtout, elles s'appuient sur une notion essentielle et malheureusement oubliée par la plupart des dirigeants occidentaux : la souveraineté. La souveraineté nationale, qui garantit la possibilité pour une nation de décider de son destin, et qui est la seule condition de la souveraineté populaire, c'est-à-dire la possibilité pour le peuple de se donner un avenir commun. Et pour exprimer ce choix, doit être garantie la souveraineté des individus : la capacité pour chacun, en dehors des pulsions consuméristes générées par la publicité et des pulsions obscurantistes agitées par les gourous de toutes sortes, d'exercer son jugement et de se porter vers le bien commun. Voilà la seule définition véritable de la démocratie. La seule qui nous permettra de sortir de ce soft totalistarisme et de ne pas sombrer dans un totalitarisme plus dur, que nous voyons chaque jour progresser. Le choix nous appartient.

Bibliographie

Guillaume Bigot

Les Sept Scénarios de l'Apocalypse, Flammarion, 2000.
Le Zombie et le Fanatique, Flammarion, 2002.
Toute l'histoire du monde (avec Jean-Claude Barreau), Fayard, 2005.
Le jour où la France tremblera. Terroriste islamiste : les vrais risques pour l'Hexagone (avec Stéphane Berthomet), Ramsay, 2005.
Toute la géographie du monde (avec Jean-Claude Barreau), Fayard, 2007.
La Trahison des chefs, Fayard, 2013.

Franck Dedieu

Mon amie, c'est la finance ! Comment François Hollande a plié devant les banquiers (avec Mathias Thépot et Adrien de Tricornot), Bayard, 2014.

Éric Delbecque

Les Chants de guerre. Par-delà droite et gauche ou Prométhée délivré, Rocher, 2005.
L'Europe puissance ou le Rêve français. Chroniques de la guerre des mondes, Éditions des Syrtes, 2006.
L'Intelligence économique. Une nouvelle culture pour un nouveau monde, PUF, 2006.

Quel patriotisme économique ? PUF, 2008.
La Métamorphose du pouvoir. La chance des civilisations, Vuibert, 2009.
Le Leadership de l'incertitude ou la Renaissance des organisations (avec Laurent Combalbert), Vuibert, 2010.
La Guerre économique (avec Christian Harbulot), PUF, 2011.
L'Influence ou les Guerres secrètes. De la propagande à la manipulation, Vuibert, 2011.
L'Insécurité, un scandale français, L'œuvre éditions, 2012.
La Gestion de crise (avec Laurent Combalbert), PUF, 2012.
Le Spectacle de la peur (avec Laurent Combalbert), Jacques-Marie Laffont Éditeur, 2015.
L'Intelligence économique pour les nuls, First, 2015.
Idéologie sécuritaire et société de surveillance. Le storytelling du XXIe siècle, Vuibert, 2015.
Patriotisme économique : un social-libéralisme ? Uppr éditions (format Kindle), 2015.
Management de crise (avec Jean-Annet de Saint Rapt), Vuibert, 2016.

Alexandre Devecchio

Les Nouveaux Enfants du siècle. Djihadistes, identitaires, réacs : enquête sur une génération fracturée, Éditions du Cerf, 2016.

Emmanuel Lévy

L'homme qui valait cinq milliards. Quand le capitalisme financier devient fou (avec Mélanie Delattre), First, 2008.
Un quinquennat à 500 milliards d'euros. Le vrai bilan de Sarkozy (avec Mélanie Delattre), Mille et une nuits, 2012.

Benjamin Masse-Stamberger

Inévitable protectionnisme (avec Adrien de Tricornot et Franck Dedieu), Gallimard, 2012.

Casser l'euro pour sauver l'Europe (avec Franck Dedieu, Béatrice Mathieu et Laura Raim), Les Liens qui libèrent, 2014.

Natacha Polony

Nos enfants gâchés. Petit traité sur la fracture générationnelle, Lattès, 2005.
M(me) le Président, si vous osiez… 15 mesures pour sauver l'école, Mille et une nuits, 2007.
L'homme est l'avenir de la femme. Autopsie du féminisme contemporain, Lattès, 2008.
Le pire est de plus en plus sûr. Enquête sur l'école de demain, Mille et une nuits, 2011.
Ce pays qu'on abat, Plon, 2014 ; Points, 2015.
Nous sommes la France, Plon, 2015 ; J'ai lu, 2016.

Jean-Michel Quatrepoint

French ordinateurs (avec Jacques Jublin), Alain Moreau, 1976.
Histoire secrète des dossiers noirs de la gauche, Alain Moreau, 1986.
La Crise globale, Mille et une nuits, 2008.
La Dernière Bulle, Mille et une nuits, 2009.
Mourir pour le yuan. Comment éviter une guerre mondiale, François Bourin, 2011.
Le Choc des empires, Gallimard, 2014.
Alstom, scandale d'État, Fayard, 2015.

Table

Imprimé en France par CPI
en décembre 2016

pour le compte des Éditions Plon
12, Avenue d'Italie 75013 Paris

Composition réalisée par IGS-CP À L'ISLE-D'ESPAGNAC

N° d'impression : 3020740
Dépôt légal : novembre 2016